I0082143

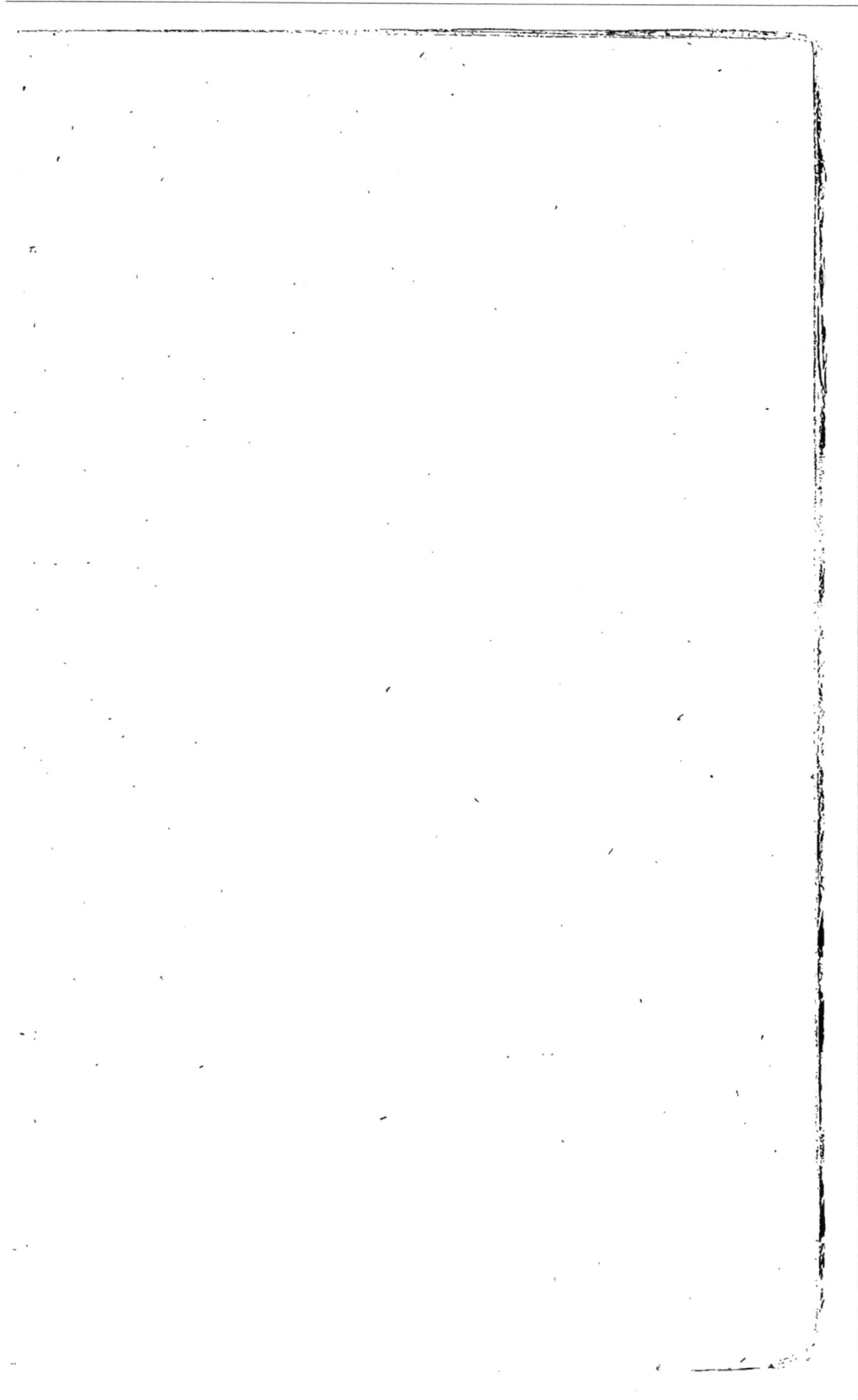

X 1321
H. 2

(C.)

X 13387

MANUEL

DES AMATEURS

DE LA LANGUE FRANÇAISE,

CONTENANT

DES SOLUTIONS SUR L'ÉTYMOLOGIE, L'ORTHOGRAPHE,
LA PRONONCIATION, LA SYNONYMIE ET LA SYNTAXE,

PAR A. BONIFACE, PROFESSEUR,

ET PAR PLUSIEURS GENS DE LETTRES.

*Continuons notre plan avec le même courage
qui nous l'a fait entreprendre.*

GIRARD.

DEUXIÈME ANNÉE, 1814. — N° 1er.

*Nota. Les mémoires et les questions seront adressés,
francs de port, à l'Auteur, rue de la Planche, n° 18.*

A PARIS,

Chez
L'AUTEUR, rue de la Planche, n° 18.
FILLET, imprimeur-libraire, rue Christine, n° 5.
LE NORMANT, rue de Seine, n° 8.
PAISSE et COMPAGNIE, quai des Augustins, n° 37.
Alex. JOHANNEAU, rue du Coq-Saint-Honoré, n° 6.
Et chez les principaux libraires des départements.

DE L'IMPRIMERIE DE FILLET,

1814.

TABLE

DES MATIÈRES.

—

~~~~~~~~~~

MM. les abonnés sont invités à renouveler leur abonnement.

MANUEL

DES AMATEURS

DE LA LANGUE FRANÇAISE,

CONTENANT

DES SOLUTIONS SUR L'ÉTYMOLOGIE, L'ORTHOGRAPHE,
LA PRONONCIATION, LA SYNONYMIE ET LA SYNTAXE,

PAR A. BONIFACE, PROFESSEUR,

ET PAR PLUSIEURS GENS DE LETTRES.

De nos cailloux frottés il sort des étincelles.
VOLTAIRE.

DEUXIÈME ANNÉE, 1814. — N° II.

A PARIS,

Chez
L'AUTEUR, rue de la Planche, n° 13;
PILLET, imprimeur-libraire, rue Christine, n° 5;
LE NORMANT, rue de Seine, n° 8, F. S. G.;
PÉRISSE et COMPÈRE, quai des Augustins, n° 47;
Alex. JOHANNEAU, rue du Coq-Saint-Honoré, n° 6;
Et chez les principaux libraires des départements.

DE L'IMPRIMERIE DE PILLET.
—
1814.

TABLE DES MATIÈRES.

—

MM. les abonnés sont invités à renouveler leur abonnement.

MANUEL

DES ...

LANGUE FRANÇAISE

... ORTHOGRAPHE,

... ÉLÉMENTAIRE,

... PROFESSEUR

... ANNÉE ... — N.° ...

A PARIS,

... de la Planche, n.° ...
... imprimeur-libraire, rue ...
... rue de Seine, n.° ...
... Pourrat, quai des Augustins, n.° ...
... rue du Coq-Saint-Honoré, n.° 6;
Et chez les principaux libraires des départemens.

DE L'IMPRIMERIE DE FILLET.

1814

MANUEL

DES AMATEURS

DE LA LANGUE FRANÇAISE,

CONTENANT

DES SOLUTIONS SUR L'ÉTYMOLOGIE, L'ORTHOGRAPHE,
LA PRONONCIATION, LA SYNONYMIE ET LA SYNTAXE,

PAR A. BONIFACE, PROFESSEUR,

ET PAR PLUSIEURS GENS DE LETTRES.

Continuons notre plan avec le même courage
qui nous l'a fait entreprendre.
GIRARD.

DEUXIÈME ANNÉE, 1814.

A PARIS,

Chez {
L'AUTEUR, rue de la Planche, n° 13;
PILLET, imprimeur-libraire, rue Christine, n° 5;
LE NORMANT, rue de Seine, n° 8, F. S. G.;
PÉRISSE et COMPÈRE, quai des Augustins, n° 47;
Alex. JOHANNEAU, rue du Coq-Saint-Honoré, n° 6;
Et chez les principaux libraires des départements.

1814.

MANUEL

DES AMATEURS

DE LA LANGUE FRANÇAISE.

ORTHOGRAPHE.

Pluriel des Substantifs composés.

On appelle *substantif composé* toute expression dans laquelle il entre plusieurs mots équivalents à un substantif, comme *hôtel-Dieu*, *abat-vent*, *arc-en-ciel*, *coq-à-l'âne*, etc.

Dans un *substantif composé* il entre

1º. Soit un substantif accompagné d'un adjectif . . . . { *loup-marin* / *petit-maitre.*

ou d'un mot qui ne s'emploie plus isolément . . . . *loup-garou* (1).

ou d'un autre substantif. . . . *garde-bois.*

ou d'un adverbe. . . . . . . *quasi-délit.*

ou d'une partie initiale inséparable. . . . . *vice-président* (2).

ou d'un mot altéré, c'est-à-dire dont la forme est changée. . . . . *contre-danse* (3).

Nota. Le substantif peut aussi être un nom propre, comme dans *Jean-le-blanc*, *messire-Jean*, *bon-Henri*, *reine-Claude*, etc.

---

(1) Dans *loup-garou* et ses analogues, qui sont *loup-cervier*, *chat-pard*, *pie-grièche*, *ortie-grièche*, *branche-ursine*, *épine-vinette*, *faim-valle*, *pont-levis* et *gomme-gutte*, le second mot est un véritable adjectif, ou un substantif pris adjectivement, comme on le prouvera par plusieurs dissertations à l'article *Étymologie.*

(2) Ces parties initiales sont :

mi comme dans *mi-août.*

in . . . . *in-douze.*

ex . . . . *ex-général.*

co . . . . *co-évêque.*

tragi . . . . . *tragi-comédie* et quelques expressions semblables.

(3) *Contre-danse* vient de l'anglais *country-dance*, qui signifie *danse de contrée*, de *campagne*. L'académie, dans les deux premières éditions de son dictionnaire, ne parle point de ce mot, et, dans la quatrième, elle dit : les *contre-danses* sont originairement des *danses* de *village.*

2°. Soit un verbe accompagné d'un
substantif. . . . . *passe-temps.*
       ou d'un adjectif. . . . . . . {*passe-volant* (1).
                          {*passe-dix.*
       ou d'un second verbe. . . . *passe-passe.*
       ou d'une préposition. . . . . *passe-avant.*
       ou d'un adverbe. . . . . *passe-partout.*
3°. Soit une préposition accompagnée
d'un substantif. . . . . *après-dînée.*
       ou d'un adjectif. . . . . ⁕ . . *haute-contre.*
       ou d'un adverbe. . . . . *apres-demain.*
4°. Soit plusieurs mots. . . . . *arc-en-ciel.*
                             eau-de-vie.
                             tête-à-tête.
                             boute-en-train.
                             vole-au-vent.
                             meurt-de-faim.
                             va-nu-pieds.
                             boute-tout-cuire.
                             haut-à-bas.
                             aigre-de-cèdre.
                             le beau venez-y voir.
                             le qu'en dira-t-on.
                             le sot l'y laisse.
5°. Soit plusieurs mots étrangers. . . *post-scriptum.*
                             mezzo-termine.
                             auto-da-fé.
                             forté-piano.

L'usage varie beaucoup sur la formation du pluriel
de ces sortes d'expressions : les uns les regardant
comme de véritables substantifs qui , en résultat , ne
réveillent plus qu'une seule idée , ne mettent le signe
du pluriel qu'à la fin , quels que soient les mots dont
elles sont composées ; ils écrivent : des *prie-dieux* , des
arc-en-ciels , des *coup-d'œils* , etc.

Cette opinion fut émise dans l'une des séances de
l'académie grammaticale dont Domergue est le fonda-
teur , et ce fut particulièrement celle de cet estimable
grammairien (2).

---

(1) *Volant* est ici un participe pris *adjectivement* , et *dix* est
un *adjectif* numéral.

(2) Quoique , dans la quatrième édition de sa grammaire , il
eût pensé différemment : à la page 47 , il dit : « Quelquefois un
» substantif est composé de deux mots ; alors , sans faire atten-
» tion au mot total , donnez aux mots partiels le nombre que
» le sens indique , écrivez : *un abat-jour* , des *abat-jour* ; un
» *bec-figues* , des *bec-figues* ; *un cure-dents* , des *cure-dents* , etc.
» On écrit sans *s* des *abat-jour* , parce que le sens n'indique

Mais, dans la séance suivante, un membre ayant
dit qu'il est inconséquent de conserver le trait d'union
dans les substantifs composés, puisqu'en ne fesant varier que la finale, on ne les regarde plus que comme
des mots simples, Domergue, ainsi que plusieurs
autres membres, furent d'avis de retrancher ce trait d'u-
nion, pour faire disparaître toutes les difficultés relatives à la place où l'on doit mettre la marque du pluriel.

On s'opposa à cette suppression, en fesant observer
qu'elle entraînerait trop de changements dans l'orthographe, et même dans la prononciation ; qu'on serait
obligé d'écrire : *coqalâne*, *bârelief*, *blambec*, *portaiguille*,
avambec, *cordegarde*, *arcenciel*, *crocenjambe*, etc. ; à
quoi Domergue répondit, 1°. que c'est une règle cons-
tante de faire suivre la lettre *q* de la voyelle *u*, et qu'on
peut alors écrire *coqualâne*, comme *coquet*, ou même par
un *c*, comme *cocarde*, autrefois *coquarde* (1) ; 2°. que
bârelief peut être ainsi écrit par analogie avec *bâbord* ;
3°. qu'on doit mettre une *n* et non une *m* dans les
mots *blanbec*, *avanbec*, par analogie avec *bonbon*, néanmoins ; 4°. que rien n'est plus commun que d'élider
l'*e* muet, comme on le voit dans *portor*, *justaucorps*, etc. ;
5°. qu'on peut retrancher le *p* dans *corps-de-garde*,
comme on le retranche dans *corset* ; 6°. enfin, qu'il est
d'usage de changer le *c* en *qu* avant l'*e* ou l'*i*, lorsqu'on
entend l'articulation *q*, comme dans des sourcils bien
arqués (formant bien un *arc*) ; et par analogie on doit
donc écrire : *arquenciel*, *croquenjambe*, et non *arcenciel*,
puisque la prononciation s'y oppose.

D'après ce qui précède, il est évident que l'analogie
et le besoin de simplifier les règles demandent cette

» point le pluriel ; c'est comme s'il y avait : des *ais* qui abattent
» *le jour*. On écrit avec un *s* un *bec-figues*, parce que le sens
» indique un pluriel dans la partie du mot qui en prend la
» caractéristique ; c'est comme s'il y avait : un oiseau qui
» béquette *les figues*. »
Cette règle, que Domergue a eu tort d'abandonner, est la
seule conforme à l'usage général.

(1) « La cocarde est née de l'usage qu'avaient les *Croates*,
appelés en France *Cravates*, de mettre à leurs bonnets des
plumes de *coq*. »
C'est à eux que nous devons la *cravate*. Ce fut en 1636 que

réforme ; mais, comme elle n'est adoptée que par un très-petit nombre d'auteurs, je vais donner les règles relatives à l'usage présent de la langue, auquel on doit se conformer jusqu'à ce que les membres de l'académie française aient adopté, dans la nouvelle édition de leur dictionnaire, l'orthographe proposée par Domergue.

Voyons maintenant si les règles qu'ont données les autres grammairiens sont fondées en raison, et applicables à tous les cas.

Wailly et *Lévizac* mettent au pluriel chaque substantif et chaque adjectif qui se trouvent dans une expression composée employée au pluriel, à moins qu'une préposition ne sépare deux substantifs ; et, dans ce cas, le second seul reste invariable ; ainsi, ils écrivent : des abat-*vents*, des contre *jours*, des *rouges-gorges* et des *eaux-de-vie*, des *chefs-d'œuvre*.

Cependant *Lévizac* ajoute que la marque du pluriel ne se met pas dans les mots composés qui, par leur *nature*, ne changent pas de terminaison, comme des crève-*cœur*, des rabat-*joie*, des passe-*partout*, etc.

L'adverbe *partout* est invariable de sa *nature* ; mais *cœur* et *joie* ne se mettent-ils pas, selon le sens, au singulier ou au pluriel ? C'est donc le *sens* et non leur nature, qui s'oppose ici à ce qu'ils prennent l'*s* ; en effet, des crève-*cœur* sont des déplaisirs qui crèvent *le cœur*.

Wailly, de son côté, dit que, par exception, il faut écrire sans s des *coq-à-l'âne*. N'y a-t-il que cette exception à sa règle, et pourquoi a-t-elle lieu ? — C'est, aurait-il répondu, parce que le *sens* s'oppose au pluriel, comme dans des *prie-Dieu*, que l'académie écrit ainsi (1). Hé bien ! d'après cette réponse même, Wailly aurait-il écrit des *pieds-à-terre*, des *têtes-à-tête*, des *hôtels-dieux*, des *garde-mangers*, sans être inconséquent ? Ce qui prouve d'une manière évidente que pour l'orthographe de ces sortes d'expressions, ce n'est point

---

nous prîmes cette sorte de collet, époque où nous étions en guerre avec l'empereur d'Allemagne.

(1) Un *coq-à-l'âne* est un discours qui n'a point de suite, de liaison, qui ne s'accorde point avec le sujet dont on parle : faire un coq-à-l'âne, c'est passer d'une chose à une autre tout opposée, comme d'un coq à un âne. On dit proverbialement *sauter du coq à l'âne*, pour dire tenir des propos hors de matière, tomber sur un autre sujet que celui dont on parle.

le *matériel* des mots partiels qu'on doit consulter , mais bien le *sens* qu'ils présentent.

Au surplus , *Wailly* et *Lévizac* n'ont pas prévu tous les cas : beaucoup de substantifs composés n'entrent dans aucune de leurs règles, qui cependant ont été copiées , sans examen, par la plupart de nos grammairiens modernes.

Je ne connais que MM. *Lequien*, *Boinvilliers*, *Wicard* et *Crépel*, qui aient plus ou moins rectifié la règle de Wailly.

MM. de *Port-Royal*, *Dumarsais*, *Condillac*, *Marmontel*, *Beauzée* et *Fabre*, n'ont point traité cette question, qui présente cependant quelque intérêt.

Enfin plusieurs autres grammairiens, et particulièrement MM. Lemare et Fréville, ne consultent que la nature et le sens des mots partiels pour l'orthographe des substantifs composés. Au singulier, ils écrivent : un *serre-papiers*, parce que la décomposition amène un arrière-cabinet ou une tablette pour serrer *des papiers*, et non *du papier*; et d'après la même analogie, un *va-nu-pieds*, un *couvre-pieds*, un *gobe-mouches* et d'autres substantifs composés dont je donnerai la décomposition. Au pluriel, ils écrivent : des *serre-tête*, parce que la décomposition amène des rubans, des bonnets qui serrent la *tête* et non les *têtes*; et, d'après la même analogie, des *abat-jour*, des *boute-feu*, des *arcs-en-ciel*, des *hauts-de-chausses*, des *tête-à-tête*, etc.

Cette manière d'écrire les substantifs composés, tant qu'ils ne sont point passés à l'état de mot , est la plus raisonnable et la seule qu'on puisse suivre.

Il est bon de faire observer que pour cette question d'orthographe, le dictionnaire de l'académie ne peut faire autorité, parce qu'il est souvent en contradiction avec lui-même.

On y trouve :

un chasse-*mouche*, et un gobe-*mouches*.
un couvre-*pied*, et un va-nu-*pieds*.

des { *rouge*-gorges, *chauve*-souris, } et des { *basses*-fosses. *sages*-femmes. }

des { *pot*-au-feu, *coq*-à-l'âne, } et des { *arcs*-en-ciel. chefs-d'*œuvres*. }

La plupart des auteurs ne sont pas plus d'accord entre eux, ni avec eux-mêmes. Buffon écrit : des *chauve*-souris, des *pie*-grièches, et des *basses*-cours, des *porcs*-épics.

Marmontel : des *tête-à-tête* et des *tête-à-têtes* ;
J. J. Rousseau : des *pot-au-feux* et des tête-à-tête.

Voici donc la règle que je crois devoir adopter :

Tout substantif composé qui n'est point encore passé
à l'état de mot (1), doit s'écrire au singulier ou au pluriel suivant que la *nature* ou le *sens* des mots partiels
exige l'un ou l'autre nombre. C'est la décomposition
de l'expression qui fait donner aux parties composantes
le nombre que le sens indique.

Nota. Le verbe reste toujours à la troisième personne
du singulier. On sait qu'il ne prend pas l's comme signe
du pluriel, et que les noms de nombre, les préposi-
tions, les adverbes, sont invariables de leur *nature*.

De tout ce que je viens de dire, il résulte que, pour
l'orthographe des substantifs composés, les règles
qu'ont données plusieurs grammairiens, tels que *Wailly*,
Lévizac, sont erronnées et même insuffisantes ; qu'il
règne une grande diversité d'opinions ; que la *nature* et
le *sens* des mots partiels peuvent seuls décider de l'orthographe, principe posé par M. Lemare, à qui je ne
puis reprocher que de ne l'avoir pas assez développé
pour les élèves : il se contente de dire que, « pour bien
» *lexigraphier* les substantifs composés, il faut que
» l'élève connaisse la nature des mots partiels ; et que,
» pour éviter les erreurs de jugement, il se la fasse
» expliquer par un bon maître. »

Cette explication présente quelque difficulté. M. Fréville, dans son Encyclopédie grammaticale, a décom-
posé une grande partie de ces sortes d'expressions ;
mais comme il s'est souvent trompé, et que je ne puis
renvoyer le lecteur à cet ouvrage, je crois devoir
donner comme complément de cette dissertation, les
développements que nécessite la règle que je viens d'é-
noncer. Je tâcherai de les rendre aussi clairs qu'il me
sera possible ; ils feront le sujet d'un second article qui
se trouvera dans le prochain numéro.

A. B.

---

(1) C'est par la suppression du trait d'union, et, si la prononciation l'exige, par quelques changements dans l'orthographe,
qu'un substantif composé passe à l'état de mot, comme on peut
le voir dans *lieutenant*, *adieu*, *auvent*, *pourparler*, *justaucorps*,
béjaune, etc.

LETTRE DE M. BESCHER

SUR LE PARTICIPE ACTIF.

(Troisième et dernier article. Voyez pag. 262 et 331).

Si les poètes se sont réservé la faculté de donner l's
euphonique au participe actif régissant directement,
lorsque ce participe est précédé du régime, comme
dans les exemples que j'ai cités (1), ou bien quand
La Fontaine a dit :

> N'étant pas de ces rats qui les livres *rongeants*,
>> Se font savants
>> Jusques aux dents,

on peut croire, à plus forte raison, qu'ils usent de
la même licence lorsque le régime transposé est indirect. Nous lisons :

> De quel air penses-tu que ta sainte verra
> D'un spectacle enchanteur la pompe harmonieuse,
> . . . .
> Entendra ces discours sur l'amour seul *roulants* ?
>> BOILEAU.

> Je peindrai les plaisirs en foule *renaissants*,
> Les oppresseurs du peuple à leur tour *gémissants*.
>> *Le même.*

> On ne reconnut plus qu'usurpateurs iniques,
> . . . .
> Qu'infames scélérats à la gloire *aspirants*.
>> *Le même.*

> L'autre, avec des yeux secs et presque indifférents,
> Voit mourir ses deux fils par son ordre *expirants*.
>> RACINE.

> Plusieurs se sont trouvés qui, d'écharpe *changeants*,
> Aux dangers ainsi qu'eux ont souvent fait la figue.
>> LA FONTAINE.

> Je les peins dans le meurtre à l'envi *triomphants*.
>> CORNEILLE.

---

(1) Page 334.

et même avec le féminin :

On amène Olimpie à peine *respirante.*

VOLTAIRE.

En rétablissant le complément à la place qu'indique le sens grammatical, je dis : *De quel air penses-tu que ta sainte entendra ces discours*, roulant, (qui roulent) (1) *sur l'amour ?* — *Je peindrai les plaisirs*, renaissant (qui renaissent) (2) *en foule ; les oppresseurs du peuple*, gémissant (qui gémissent) (3) *à leur tour.* — *On ne reconnut plus qu'infâmes scélérats*, aspirant, (qui aspiraient) (4) *à la gloire.* — *L'autre voit mourir ses deux fils*, expirant (qui expirent) (5) *par son ordre.* — *Plusieurs se sont trouvés qui*, changeant (en changeant) (6) *d'écharpe......* — *Je les peins dans le meurtre*, triomphant (qui triomphent (7) *à l'envi.* — *On amène Olimpie*, respirant (qui respire) (8) *à peine.*

Cet ordre de construction fait ressortir l'action qu'expriment les mots en *ant*, et commande l'emploi du verbe. Ces mots ne devaient donc leur signe de concordance qu'à une simple transposition, qui occasionne un prolongement de son et un repos sur leur finale. Alors, ils paraissent compléter le sens ; ils occupent la place que tient ordinairement l'adjectif, et, par analogie, ils en prennent la concordance.

Cependant les poètes, et j'en ai fait l'observation (9), ne se font pas une loi rigoureuse de ce signe d'euphonie ; l'oreille le demande, la signification du mot semble le réprouver. Si Voltaire a écrit :

> Deux gros rochers détachés des montagnes,
> Avec grand bruit l'un sur l'autre *roulants*,
> Ainsi tombaient ces deux fiers combattants.

---

(1) On ne dit point que des discours *sont roulants* sur l'amour :
(2) Que des plaisirs *sont renaissants* en foule ;
(3) Que des oppresseurs *sont gémissants* à leur tour :
(4) Que des scélérats *sont aspirants* à la gloire ;
(5) Que ses deux fils *sont expirants* par son ordre ;
(6) Que des hommes *sont changeants* d'une chose :
(7) Qu'ils *sont triomphants* à l'envi ;
(8) Qu'une femme *est respirante* à peine.
Le sens des complémens ne permet pas qu'aucun de ces mots puisse se construire avec le verbe *être* ; par conséquent, ce ne sont point des adjectifs.

(9) Page 336.

un de nos jeunes poètes a dit avec non moins de justesse, et peut-être avec une indication d'action plus marquée :

On verrait les soleils l'un sur l'autre *roulant*,
Entre-choquer dans l'air leur front étincelant.
Soumet.

Après avoir éclairci ce point important, et dégagé le sentier que je parcours des épines qui auraient embarrassé mes pas, il me reste à continuer l'examen du participe actif et de l'adjectif d'après leur valeur réciproque, et à chercher la nature de chacun de ces mots dans la différence seule de leur signification.

J'ai dit et démontré que le mot sur lequel on a du doute, doit être toujours considéré comme verbe, quand il est suivi du régime direct. Maintenant examinons-le dans la position où le régime qui le suit est indirect.

Je dis :

« Voyez-vous ces débris *flottant* vers la côte. »
mais Fénélon a écrit :

« Calypso apperçut...... un gouvernail, un mât, des cordages *flottants* sur la côte. »

La différence de ces deux mots se fonde sur ce que le premier désigne des objets en mouvement, franchissant un espace et voguant dans une direction quelconque ; tandis que le second les représente seulement comme surnageant, sans mouvement certain, sans direction. L'un peint l'action qui doit avoir un terme probable dans un temps donné, l'autre indique l'état, la situation, dont la durée est illimitée.

Je dis de même :

« Une femme *dépendant* de son mari sait se respecter, et ne se livre point à des démarches inconsidérées. »
mais j'écrirai :

« Une femme *dépendante* d'un mari ne peut contracter. »

Dans ma première phrase, je pars d'une hypothèse ; je dis *qui dépend*, parce que la femme pourrait ne pas *dépendre*. C'est un acte subordonné à une volonté. Dans la seconde , je peins l'état de dépendance d'une femme mariée , sa situation habituelle , sa manière d'être , indépendante de toute volonté , et dont la durée n'a d'autre terme que celui de la vie.

C'est en ce sens que Racine a écrit :

Nos cœurs ne sont point faits *dépendants* l'un de l'autre.

Bossuet a fait un même emploi de l'adjectif :

« Ainsi devaient naître ces ames.... à qui Dieu ne donna que des mouvements *dépendants* du corps. »

J'écris :

« On voit la tendre rosée *dégouttant* des feuilles. »

« On voit la sueur *ruisselant* sur son visage. »

Mais je dirai :

« Voyez ces feuilles *dégouttantes* de rosée. »

« Voyez sa figure *ruisselante* de sueur. »

Dans les deux premiers passages, j'affirme que la rosée tombe par gouttes , que la sueur coule réellement en petits ruisseaux ; c'est l'action. Dans les deux autres, je parle seulement de feuilles humides de rosée, d'une figure couverte de sueur ; c'est l'état sous lequel ces objets s'offrent à la vue.

Ainsi nous lisons :

« Autour d'elle volaient les noirs soucis, les cruelles » défiances , les vengeances toutes *dégouttantes* de sang.»

FÉNÉLON.

Mais que deveniez-vous avec ce grand appui,
Si dans le temps que Rome aux barbares livrée,
Ruisselante de sang , par le feu dévorée.....

DELAFOSSE.

S'agit-il d'un bruit instantané , interrompu , je fais usage du verbe :

« On entend quelques clameurs , *retentissant* par intervalle , *retentissant* au loin. »

Mais si je veux peindre une continuité de sons , un bruit monotone , triste , permanent , je dis avec Lemierre :

Entendez-vous ces sons mornes et répétés,
Retentissants autour de nos toits attristés ?

Lorsque Bossuet nous entretient d'une personne *vivante* de la vie des justes, il peint l'état de cette personne, sa manière, non de vivre, mais d'être vivante. S'il l'eût représentée comme *vivant* d'espérance, il eût alors exprimé un acte. Ce n'est plus là un mode d'existence, c'est une manière de vivre qui tient à une circonstance dont l'effet peut changer. On n'*est* pas *vivant* d'espérance.

« Je les ai vus, *mourant* au champ d'honneur, *mourant* de la mort des braves. »

Les femmes dans leurs bras soutiennent sa faiblesse,
Et sur un lit pompeux la portent loin du jour,
Mourante de douleur et de rage et d'amour.
DELILLE.

Là c'est l'action de *mourir*, ici l'état *d'être mourante*.

Une jeune personne *brillante* de santé, *brillante* de fraîcheur, *brillante* d'attraits, peut n'être pas à portée de *briller*; elle est *brillante*, c'est son état. Si vous la voyez, *brillant* dans une société, par les graces de l'esprit, non moins que par la beauté, alors elle en tire avantage, elle inspire l'admiration, elle *brille*.

Quelle Jérusalem nouvelle
Sort du fond des déserts *brillante* de clartés.
RACINE.

. . . . *brillants* de pourpre et d'or,
Sur leurs poupes montés, prêts à prendre l'essor.
DELILLE.

« Les deux glaives, *brillant* comme les éclairs d'où partent les foudres, se croisent plusieurs fois. »
FÉNÉLON.

Des éditions portent *brillants*. Deux glaives agités vivement, comparés aux éclairs dont la lumière est trop rapide pour constituer un état, ne sont pas simplement brillants, ils *brillent*.

Voyez la jeune Isaure *éclatante* d'attraits.
LEGOUVÉ.

Tous deux jeunes, tous deux *éclatants* de beauté.
DELILLE.

On est *éclatante* d'attraits, on est *éclatant* de beauté; c'est un don de la nature, inhérent à la personne. S'agit-il de l'action, je dis :

« Nous entendîmes les bombes *éclatant* avec un horrible fracas. »

Remplacez l'adjectif par le participe, et celui-ci par l'adjectif, vous faites autant de contre-sens ; car l'action est en opposition avec l'état ; vous prouvez que vous n'avez aucune notion sur la valeur des diverses parties du discours, et que vous êtes entièrement étranger aux beautés, à la délicatesse de la langue.

Nos meilleurs écrivains, qui le croirait, ne sont pas toujours exempts d'erreur sur l'emploi de ces sortes de mots.

Je dis :

« La nuit, *triomphant* enfin du jour, ramène le repos et le sommeil. »

mais on lit dans Delille :

...... Tel qu'un nocher qui, plein d'un doux transport,
Couronne ses vaisseaux *triomphants* dans le port.

Triomphant est à juste titre employé comme verbe dans la première citation, et *triomphants* comme adjectif dans la seconde. Mais ce qui paraîtra singulier, c'est que le poète a construit son second vers comme si cet adjectif était un participe auquel le complément appartînt. Cette inadvertance prouve qu'on ne saurait trop se rendre compte de la valeur des mots. *Couronne ses vaisseaux* triomphants *dans le port* : il n'y a point là d'hémistiche, de coupe, de repos, par conséquent point de vers : les vaisseaux ne *triomphent* pas dans le port, ils y entrent *triomphants*. Or, entre le nom et l'adjectif sans complément, le sens ne peut rester suspendu. *Le nocher couronne dans le port ses vaisseaux triomphants*, voilà ce que l'auteur a prétendu dire.

Si je rédigeais un traité, je formerais ici le tableau comparatif de tous les mots en *ant* qui peuvent avoir le double emploi de participes et d'adjectifs, et j'en déterminerais la signification, à-peu-près de la manière que je l'ai fait dans ma *Théorie Nouvelle* (1) : mais je ne puis dépasser les bornes d'un article de cahier périodique. Ce serait à-la-fois abuser de votre complaisance, Monsieur, et de la patience du lecteur. Puissé-je seulement avoir fait naître dans quelques-uns de nos bons

(1) Cet ouvrage se trouve chez l'auteur, quai de la Mégisserie, n° 32.

esprits le désir d'approfondir cette partie de la grammaire ! Ils rendraient aux lettres et à l'instruction un service signalé. Je trouve ce sujet d'autant plus important à traiter, qu'il n'est suffisamment expliqué dans aucun de nos livres élémentaires ; mais aussi d'autant plus difficile à mettre à la portée de la jeunesse, que la matière paraît peu faite pour de jeunes têtes, qu'elle exige de la sagacité, de la réflexion, un jugement sain et une certaine aptitude aux études sérieuses. Je ne sais si je me trompe ; je pense que la science du participe passif est la science des enfants, et que la science du participe actif est celle des hommes.

Cette assertion ne vous paraîtra point un paradoxe, si vous considérez que le participe passif doit tout à sa position, et que pour l'expliquer, il suffit de remonter à une règle générale.

De même que Lafontaine, au lieu de dire, *n'étant pas de ces rats qui* rongeant *les livres...* a écrit, *n'étant pas de ces rats qui les livres* RONGEANTS.... de même aussi, au lieu de dire avec la syllabe brève, *dans le plus bel endroit il a* troublé *la pièce.* — *Il m'a* jeté *une boîte dans ma chambre.* — *Il a* conquis *cent provinces par sa valeur.* — *O Dieu, dont les bontés ont* arraché *les armes aux vaines fureurs*, etc., etc., nos auteurs ont écrit :

Et de son grand fracas surprenant l'assemblée,
Dans le plus bel endroit a la pièce *troublée.*
MOLIÈRE.

Il m'a droit dans ma chambre une boîte *jetée.*
Le même.

Il a par sa valeur cent provinces *conquises*
MALHERBE.

O Dieu dont les bontés de nos larmes touchées,
Ont aux vaines fureurs les armes *arrachées.*
Le même.

. . . . et la première épée
Dont s'est armé Rodrigue a sa trame *coupée.*
CORNEILLE.

Aucun étonnement n'a sa gloire *flétrie.*
Le même.

Le seul amour de Rome a sa main *animée.*
Le même.

. . . . j'ai maints chapitres *vus*
Qui pour néant se sont ainsi tenus.
LAFONTAINE.

Combien de fois la lune a leurs pas *éclairés* !
Le même.

Il veut parler, l'écorce a sa langue *pressée.*

LA FONTAINE.

Ils m'ont l'ame et l'esprit, et la raison *donnée.*

Le même.

Un certain loup dans la saison
Que les tièdes zéphirs ont l'herbe *rajeunie.*

Le même.

. . . . et s'il en est ainsi,
Et qu'aucun de leurs morts n'ait nos têtes *rompues.....*

Le même.

La valeur d'Alexandre a la terre *conquise.*

RACINE.

Quoique ce mode de construction ait vieilli, il n'en a pas moins servi de type à notre manière d'écrire le participe passif dans toutes ses positions; et quand on dit : *Je les ai* APPERÇUS, — *je l'ai* ENTENDUE, — *je les ai* VUES *venir;* la construction grammaticale est la même que celle-ci : *J'ai ces hommes* APPERÇUS, — *j'ai cette femme* ENTENDUE, — *j'ai ces personnes* VUES, *elles venaient.*

Il s'ensuit que, lorsque par la transposition du régime direct, le participe passif paraît terminer un sens quelconque, on le voit prendre l'accord euphonique de ce régime qui le précède, parce que la prononciation se prolonge et s'étend sur la finale. Tout vient se rattacher à ce principe unique et fondamental; et voilà ce que les deux participes ont de commun entre eux.

Mais le participe actif est loin d'être soumis à cette seule loi d'euphonie. Retranchez ce cas d'exception, pour tous les autres, il faut examiner la signification du mot, en peser la valeur, et bien se garder de confondre *l'état*, la *qualité*, avec *l'acte* ou *l'action.* Pour comble de difficulté, celui qui veut se livrer à cette étude, aurait en vain recours aux dictionnaires. Les définitions y sont fausses. Les deux espèces s'y trouvent confondues, et presque toujours l'adjectif y est expliqué par le verbe : on y voit, coupant, *qui coupe;* séduisant, *qui séduit;* suffocant, *qui suffoque;* rebutant, *qui rebute;* consolant, *qui console;* pensant, *qui pense;* naissant, *qui naît;* insultant, *qui insulte;* brillant, *qui brille* (1), etc., définitions inexactes, propres à égarer

_____

(1) Un instrument *coupant* est propre à couper. Un homme *séduisant* a les qualités qui séduisent. Une vapeur *suffocante*

le jeune homme inexpérimenté qui se fierait à l'autorité de tels livres. J'ai dit quelque part, et je le répète : sous ce rapport, le dictionnaire de la langue est encore à faire.

Vous m'avez engagé, Monsieur, à vous communiquer mes idées sur la nature du participe actif ; je pense avoir rempli vos vues, et je souhaite de tout mon cœur que ma lettre inspire à quelque grammairien habile le désir de traiter cette matière un peu moins superficiellement.

Je suis, etc.

BESCHER, Bachelier-ès-Lettres.

ERRATA. Dans la lettre précédente, page 334, après ces mots : *se trouverait souvent en opposition avec nos meilleurs écrivains*, effacez ceux-ci : *lorsque le participe régit directement*. Le mot *écrivains* termine la phrase.

Même lettre, page 338, ligne 4, au lieu de, *une plume plus exercée que la mienne*, lisez : *une plume plus exercée* QUE MOI.

SYNONYMIE.

ANALYSE, EXTRAIT.

Nous ne parlerons de la synonymie de ces deux mots que sous le rapport de leur signification commune d'*abrégé*.

Une *analyse* est une exposition succincte, mais fidèle, d'un ouvrage ou d'un discours qu'on décompose pour le présenter en raccourci, par le simple énoncé de ses différents points ; elle en fait connaître la structure, la régularité et l'enchaînement.

Un *extrait* est en général l'exposition d'une ou de quelques parties qu'on a détachées d'un tout, sans y apporter aucun changement.

L'*analyse* présente un ensemble systématique des parties essentielles d'un fait ou d'un récit. L'*extrait* en offre des parties isolées et séparées. L'*analyse* est un ouvrage de raisonnement ; l'*extrait* n'est le plus souvent qu'une occupation de copiste (2).

est de nature à suffoquer. Une pensée *consolante* est propre à consoler. Un être *pensant* est doué de la faculté de penser, etc. (Voyez la note de la page 333.)

(1) On peut admettre deux sortes d'extraits. L'une consiste

Une *analyse* bien faite prouve la justesse, la rectitude de l'esprit ; un *extrait* bien choisi annonce la pureté et la délicatesse du goût. Les *analyses* ne contiennent que la substance des ouvrages ; les *extraits* en sont des parties intactes et séparées, aussi pures dans leur isolement que dans leur union avec le tout dont elles sont tirées. C'est de là qu'on dit : des *extraits* et non des *analyses* *baptistaires*, *mortuaires*, des *extraits* et non des *analyses* *de mariage*.

Des sommaires, des arguments, des *compendia*, sont des *analyses* plus ou moins fidèles. Des recueils, des anthologies, des *ana*, sont des *extraits* plus ou moins exacts.

Un journaliste, en rendant compte d'un ouvrage, expose, par une *analyse* impartiale, la logique de l'auteur ; et, par des *extraits* ou des citations, il donne une idée de son style. L'*analyse* fait connaître la dialectique de l'auteur, et les *extraits* sa manière d'écrire.

ÉTYMOLOGIE DE CES DEUX SUBSTANTIFS.

Analyse.

1°. *Analyse* est la traduction directe du latin *analysis*.

2°. *Analysis*, de même signification, est également la traduction du grec *analusis*.

3°. *Analusis* est un nom dérivé d'*analuô*, dissoudre, résoudre.

4°. *Analuô* résulte de l'union de la préposition *ana*, signifiant ici *complètement*, *tout-à-fait*, et de *luô*, séparer, détacher. *Analuô* signifie donc : *je sépare*, *je détache complètement*, je DISSOUS, je RÉSOUS.

Extrait.

1°. *Extrait*, comme substantif, n'est que l'adjectif *extrait* pris substantivement par ellipse : un *extrait* est pour un *passage* ou un *morceau extrait*.

à séparer une ou plusieurs parties d'un tout sans y apporter aucun changement ; l'autre consiste à tirer d'un ouvrage quelques-uns des traits les plus frappants, et à les réunir par des transitions rapides et presque imperceptibles. D'après cette considération, l'extrait n'est pas toujours une simple occupation de copiste. (*Note de l'éditeur.*)

2°. *Extrait* adjectif, est la traduction directe du latin *extractus*, *a*, *um*, par l'intermédiaire des deux formes lexiques *extract*, *extraict*, de même signification (1).

3°. *Extractus* adjectif, pour *extrahitus*, est le participe passif d'*extrahere*, et a pour base le supin *extractum* pour *extrahitum*.

4°. *Extrahere*, dont *extraire* est la traduction, par les intermédiaires *extrahere*, *extrare*, est formé de *ex* et de *trahere*.

Extrahere, extraire, c'est *traire* ou *tirer au dehors*, *tirer hors de*, *faire sortir par l'action de tirer*.

5°. *Trahere*, *traire*, *tirer*, *trier* (car ces trois mots ne sont que trois variétés de cette forme primitive), paraît être, suivant *Vossius*, formé de *trans*, au-delà, et de *vehere*, porter, traîner, d'où *transvehere*, *travehere*, comme *transdare*, *transducere* sont devenus *tradere*, *traducere*. Il ne reste donc à justifier que la syncope de *v*, ce qui est très-facile, cette syncope de *v* étant assez fréquente en latin, et de latin en français : tous les prétérits des verbes latins en *ii* sont pour *ivi*, *adii* ou *adivi*, *petii* ou *petivi*. C'est ainsi que *avunculus*, devenu *avuncule*, puis *avuncle*, en éprouvant la syncope du *v*, a donné *auncle*, *uncle* (2), (en angl. *uncle*), puis en dernière forme *oncle*.

6°. *Vehere*, suivant le même *Vossius*, paraît être un dérivé de l'hébreu.

BUTET (de la Sarthe).

---

(1) *Extraict* est dans le dictionnaire de la langue romane, par M. Roquefort. *Extract* formé directement d'*extractus*, se retrouve dans l'anglais. Il est bon d'observer que les mots latins qui sont passés dans cette langue, ont éprouvé bien moins d'altérations que dans la nôtre : de *debitum*, *epistola*, les Anglais ont fait *debt*, *epistle* ; et nous, de ces mêmes mots latins, nous avons eu d'abord *debte*, *epistole*, et ensuite *dette*, *épistre*, puis *épitre* : nous avons cependant conservé les formes intermédiaires dans *débiteur*, *épistolaire*. (*Note de l'éditeur.*)

(2) C'est ainsi que *août*, du latin *Augustus* (en angl. *August*), qui, naguère se prononçait *a-oût*, se prononce aujourd'hui et même commence à s'écrire *oût*. (Voy. page 317.)

ÉTYMOLOGIE

Du mot FAIM-VALLE, FAIM-GALLE ou FRAIMGALLE, *et de plusieurs autres mots analogues.*

LA *faim-valle* (1) est un mal subit qui consiste en une faim désordonnée, et fait tomber d'inanition et d'épuisement ceux qui en sont atteints ; ce mal attaque particulièrement les chevaux. Selon le P. Grégoire de Rostrenen, dans son dictionnaire français-celtique, au mot *boulimie*, cette maladie s'appelle en breton *Naoun-bara*, ce qui signifie à la lettre *faim de pain*, sans doute parce qu'il suffit de manger un morceau de pain et même de l'odeur seule du pain chaud pour l'appaiser. Selon le même lexicographe, au mot *faim-valle*, elle s'appelle aussi dans la même langue *connar*, et, avec l'article, *ar gonnar*, ou mieux *counnar, argounnar*, comme il l'écrit au mot *rage*. Ce mot *counnar* est composé de *coun*, pluriel de *ki*, chiens, et d'*err* (d'où le français, aller grande *erre*), vîtesse précipitée, désir immodéré ; et non pas de *coun*, chiens, et de *turz*, bouillonnement, comme le croit le P. Le Pelletier, dans son dictionnaire de la langue bretonne ; ce qui le prouve, c'est que le même auteur dit qu'en breton *err boet* signifie désir passionné de manger.

Sauvage, dans sa Nosologie, distingue plusieurs espèces de *boulimie ;* il donne à la première le nom de *cynorexis* ou faim de chien, faim canine ; il. appelle la seconde *lycorexis* ou faim de loup, et *faim-valle* des maréchaux. En anglais, *boulimie* est traduit par *canine appetite*, faim-canine. Le nom de *boulimie* lui-même signifie *faim de bœuf*, du grec *bous*, bœuf, et de *limos*, faim. Mais je n'ai vu nulle part qu'on l'ait jamais nommée *faim de cheval*.

Ménage définit la *faim-valle* une faim-canine, et prétend que de son temps ce mot ne se disait plus à Paris que de la *boulimie* des chevaux. C'est ce qui lui a fait croire que *faim-valle* a été formé de *fames caballa*, pour *fames caballina*, de cette manière : *fame caballa*,

---

(1) Qu'on nomme aussi *faim-galle* et même *fraimgalle* dans quelques provinces, entr'autres en Sologne, par l'épenthèse ou intercalation de l'*r*, comme dans *tresor* de *thesaurus*, *perdrix* de *perdix*, etc., etc.

fame cavalla, *fame valla*, *faim–valle*; et tous les lexicographes de copier cette belle étymologie, comme
ils auraient répété d'après lui qu'*alfana* vient d'*equus*,
sans l'épigramme de d'Aceilly. Pour la détruire, il
suffit de faire remarquer 1º. qu'on n'a jamais dit, ni
pu dire, quoiqu'il le prétende, *caballus* pour *cabal-
linus*; que l'exemple de *gallus* pour *gallicus* qu'il cite
ne prouve rien, puisque ce nom, ainsi que tous les
noms de peuples, était dans l'origine un adjectif, et
que ce n'est au contraire, qu'en le prenant ensuite
pour un substantif, qu'on en a fait l'adjectif *gallicus*; 2º. qu'une altération aussi forte que celle du
changement supposé de *fames caballina* ou même de
fames caballa en faim–valle, est impossible aux yeux de
tous ceux qui ont quelque connaissance des principes
étymologiques, quelque expérience dans cette science
difficile et trompeuse, puisqu'elle suppose en outre la
perte de l'initiale *ca*, et le changement du *b* en *v* dans
faim–valle, en *g* dans *faim–galle*; qu'en pareil cas, ce ne
serait pas le *c* initial de *cavalla* qui se serait perdu, mais
le *v* médial, parce que, tenant de la voyelle, et se trouvant
entre deux voyelles, il aurait dû se perdre par la contraction; tandis que le contraire serait arrivé, si cette
étymologie était véritable.

J'accorde à l'auteur que le mot *faim – valle* est un
terme de maréchal, qui ne se dit plus guère que de la
boulimie des chevaux; que sa signification a été restreinte, et qu'il a vieilli; mais je soutiens qu'il est de
fait qu'on s'en sert encore généralement, même à Paris,
dans le langage de la conversation, pour exprimer une
faim désordonnée(1); que, par conséquent, il est faux que
ce mot ne se dise plus que de la boulimie des chevaux,
puisque ce savant nous apprend lui-même qu'il a souvent ouï dire, en Anjou : Ce petit garçon ne fait que
manger; je crois qu'il a la *faim–valle*. L'étymologie
que je vais en donner est d'accord avec l'usage, et le
confirme; la voici.

Il est de fait qu'en français le *g* se perd ou s'ajoute
avant le *w* ou *v* initial; qu'après ce *g* initial, le *a*, le *v* ou l'*u*,

_____

(1) Dans ce cas, on dit plus communément la *faimgalle* ou la
fraimgalle.

se perdent également par la contraction (1) ; que nous avons fait *guêpe* de *vespa* , *gaine* de *vagina* , *gâter* , *dégât* et *dévaster* de *vastare* , *gué* de *vadum* , *védette* de *guet* , *virer* et *girouette* de *gyrare* , *gui* et *visqueux* de *viscum* , *guivré* et *vivré* de *guivre* ou *givre* , serpent en terme de blason , du latin *vipera* , etc. , etc. ; qu'on appelait le *pastel* autrefois , *guède* ou *vouède*; qu'on disait *garenne* ou *varenne*, témoin le nom de la rue de *Varenne* à Paris , et le mot anglais *warren* , qui a la même signification (2). D'après ces faits incontestables , je suis persuadé que le mot *faim-valle* , *faim-galle* ou *fraimgalle* que Ménage dit être particulièrement usité en Anjou , province limitrophe de celle de la haute Bretagne , où le langage populaire est mêlé de mots français et de mots bretons,

(1) On a cru jusqu'ici que le *g* initial et le *v* se permutaient ; c'est une erreur : il y a perte ou addition du *g* devant le *w* seulement ; mais dans ce cas il n'y a pas de permutation. Il en est ici de cette gutturale , comme de l'aspiration , qui n'est qu'une articulation gutturale , suivant Beauzée , et qui dans les mots français venus du latin , se perd en général dans la prononciation , soit en en conservant le signe , comme dans *héroïne* de *heroina*, dans *homme* de *homo* , dans *herbe* de *herba* , etc. ; soit en supprimant ce signe , comme dans le vieux français *aronde* , *arondelle* , pour *hirondelle* , de *hirundo;* tandis que cette aspiration s'ajoute quelquefois dans la prononciation et l'orthographe , comme dans *haine* de *odium* , *haïr* de *odi* , *hache* de *ascia* , *haut* de *altus* , *huit* de *octo*; dans la prononciation seulement, comme dans *oui* , *onze* et *onzième :* tandis que le signe seul de cette aspiration s'ajoute quelquefois dans l'orthographe , comme dans *hermite* de *eremita* , *huile* de *oleum* , *huis* de *ostium* , *hièble* de *ebulus* , *huître* de *ostream* , etc. ; mais cette aspiration ne se change pas dans une consonne analogue comme cela a lieu en grec , en latin , et dans le passage du grec au latin.

(2) *Garenne* ou *varenne*, en vieux français *warenne*, dérive du bas-latin *warenna* , mot de même signification et formé de l'allemand *wahren*. garder , dérivé lui-même de *warten* , qui a la même signification, d'où nous avons fait aussi *garer* et *garder*, et en vieux français *gwarder* , *guarder* et *guarer* , *warder* et *warer*. La *garenne* fut ainsi appelée , parce qu'on y *garde*, on y conserve des lapins pour la chasse ; ce qui le prouve , c'est qu'autrefois le mot *garenne* signifiait lieu où l'on *garde* , où l'on *gare* quelque chose , lieu de réserve ; que l'on disait : *garenne à connils* , *garenne à eau* ; et que l'on dit encore une *gare* , pour un lieu de retraite sur une rivière , où l'on *gare* les bateaux. Du même radical nous avons fait *ware* , garde et *gare* , guerre , *guarite* , *guérite* , et *garant* , *garantir* , *garantie* , *garandie* , *warandie* , *guarir* et *guérir* , *jardin* (en allemand *garten* , en anglais *garden* , en breton *garz*), etc. , etc.

est composé du français *faim*, et du celto-breton *gwall*,
en construction *wall* ou *vall*, mauvais, et signifie par
conséquent à la lettre, *faim mauvaise;* ce qui est arrivé
par la perte du *g* initial avant le *w* dans le mot *faim-valle*
pour *faim-gwalle*, comme dans les mots bretons *diwall*
ou *divall*, sans malice, *diwalla* ou *divalla*, préserver de
mal, composés de *di* privatif et de *gwall*, mauvais; dans
faim-galle, par la conservation du *g* initial du radical,
et la contraction de la voyelle *w* qui le suit. Ce qui me le
prouve, c'est que je vois dans le dictionnaire français-
breton du dialecte de Vannes, in-8°, 1744, au mot *boulimie*, qu'on appelle la *faim-valle*, dans ce dialecte,
drouknann, mot composé de *drouk*, mauvais (d'où le
français *drogue*), et de *nann*, faim; et *drouk-nannek*,
celui qui a la *faim-valle*; qu'en vieux français on la
nommait aussi *male-faim*, mauvaise faim (1); que c'est
ainsi qu'on dit en breton *tan-gwall*, à la lettre feu mauvais, pour incendie; que c'est ainsi que nous avons fait
le mot *gallerne*, nom du vent du nord-ouest, qui est
très-pernicieux, très-mauvais, du breton *gwallarn*, qui
a la même signification, et qui est également composé
de *gwall*, mauvais, et d'*arne*, *arneu* ou *arnef* (2), temps
d'orage, *argne*, comme on l'appelle encore en Sologne.
En effet, ce vent, que quelques dictionnaires appellent
le *vent de la gelée*, parce qu'il fait geler les vignes,
donne une grêle très-nuisible aux biens de la terre,
et sur-tout aux vignes, selon le P. Lepelletier, qui en
donne la même étymologie que moi, et qui, pour la
justifier, cite ce vers latin de la Maison Rustique :

> *Væ tibi, galerna, per quem fit clausa taberna.*

---

(1) Comme on disait *male-bête*, *male-bouche*, *male-encontre*,
male-mort, *male-nuit*, *male-rage*, *à la maleheure* pour *mauvaise
bête*, *mauvaise bouche*, *mauvaise encontre, mauvaise mort*, *mauvaise nuit*, *mauvaise rage*, pour *malheureusement ; comme on
dit encore *malheur* pour *male-heure*, pour *mauvaise heure*.

(2) Mot composé du breton *err* expliqué ci-dessus, et *nef* pour
an ef, le ciel, par contraction de l'*n* finale de l'article *an*,
avec le substantif, comme dans *an nabat* pour *an abat*, l'abbé,
an nhir pour *an hir*, le long ; c'est ainsi que les enfants et le peuple
disent : *un noiseau* pour *un oiseau*, *un nibou* pour *un hibou* ; que
nous disons en bon français un *nombril* (anciennement *nomble*)
pour *ombril*, d'*umbilicus*. C'est ainsi qu'on dit en italien *narancia*,
orange, *nabisso* pour *abisso*, abîme, *ninferno* pour *inferno*,
naspo ou *aspo*, dévidoir, *nascondere* pour *abscondere*, *nebbio*
pour *ebulo*, hièble ; en espagnol *naranja* pour *aranja*, orange, etc.

d'où l'on peut juger combien sont encore ridicules les
deux étymologies que Ménage propose de ce mot, en
s'appuyant de ce même vers. Dans la première, un certain M. Parfait, qu'il dit très-versé dans les étymologies, fait venir *galerne* de *gelare*, en cette manière :
gelare, gelarinus, gelarina, gelarna, galerna, galerne,
en sous-entendant *aura*.

Je ferai observer d'abord que le mot *gelarinus* n'a
jamais existé, au moins dans le sens de *gelare*, et ne peut
pas avoir existé, puisqu'il n'y a pas d'exemple en latin
qu'un adjectif se soit formé d'un infinitif ; et qu'on ne
peut pas sous-entendre *aura*, qui est un vent doux du
matin, quand il s'agit d'un vent très-froid et très-im-
pétueux. Dans la seconde étymologie, qui est de l'invention de Ménage lui-même, le vent de *gallerne* aurait
été ainsi appelé de *Wallia*, nom de la principauté de
Galles, parce qu'il souffle de ce côté ; et de *wallia* l'on
aurait fait *gallia, galliarna, galierne, galerne*, en sous-
entendant *aura* également. Cette seconde étymologie
est aussi absurde que la première, si elle ne l'est pas
davantage, parce que la finale *arna* ne peut pas plus
avoir été ajoutée au mot *wallia* qu'au mot *gelare*, pour
en former un adjectif ; que cette étymologie n'est qu'une
pure supposition qu'il suffit de nier pour la détruire : et
que dans ce cas ce vent aurait plutôt pris son nom de la
Cornouaille d'Angleterre que du pays de *Galles*, qui est
au delà de cette province par rapport à la France.

Je ferai remarquer aussi à cette occasion, que Ménage
se trompe encore, ainsi que Borel, quand il dit que le
vent de *galerne* est un vent du septentrion ; et que
M. Roquefort se trompe également, dans son Glossaire,
quand il assure, en voulant redresser ces deux auteurs,
que c'est un vent du couchant. Il est certain que dans
les contrées de la France où ce mot est en usage, le vent
de *gallerne* est un vent du *nord-ouest* et non pas un vent
du septentrion ou du couchant.

Il suit des étymologies que je viens de donner de *faim-
valle* et de *gallerne*, qu'il faut écrire ces deux mots comme
je les écris ici, par deux *l* et non par une seule.

ELOI JOHANNEAU.

PRONONCIATION.

Du système de la prononciation française, quant à l'emploi des sons nasals à la fin des mots et avant les voyelles initiales des mots suivants.

Les sons nasals ont été dans notre langue un objet tardif d'examen et de discussion. En parcourant les anciens ouvrages de grammaire , je n'ai rien trouvé de satisfesant ni sur la manière dont on les considérait autrefois , ni sur les lois de leur prononciation. *Ramus* , dans sa grammaire publiée en 1571 , n'en parle pas. MM. de Port-Royal, dont les travaux sur tout ce qui concerne la langue française ont été en même temps si étendus et si utiles., n'en disent également rien. Le premier qui ait traité cette question avec quelque soin , est *Regnier*, dans sa grammaire pleine de recherches savantes et de vues profondes ; il a ouvert la carrière à la discussion , et depuis cette époque les grammairiens les plus célèbres en ont fait l'objet de leurs observations et de leurs écrits. A quoi pouvait tenir le silence des anciens auteurs sur cette partie si importante des signes de notre langue ? C'est ce qu'il est assez difficile d'expliquer : car , s'il est un objet digne de fixer l'attention des grammairiens philosophes , c'est certainement celui des sons nasals , qui jouent un si grand rôle dans la langue française , qui lui impriment un caractère tout particulier , et dont la prononciation intéresse si fort sa pureté et son harmonie.

On convient généralement aujourd'hui de ces vérités; mais il s'en faut bien que l'on soit d'accord sur la nature grammaticale des sons nasals , et sur-tout , sur la manière de les employer dans leur rencontre avec d'autres sons. Ces deux questions vont être l'objet de notre examen.

Pour bien se pénétrer du principe qui doit régler en général la prononciation des sons nasals , il faut bien connaître leur nature : tout dépend de cette première discussion ; car , ou les sons nasals sont des sons simples , ou des sons articulés. S'ils sont simples, il faudra nécessairement qu'ils subissent la loi qui détermine la prononciation des sons de cette nature. S'ils sont articulés, leur emploi sera fixé par le fait même de leur caractère, et il faudra consentir à leur liaison toutes les fois qu'ils se trouveront suivis de mots qui commenceront par des voyelles.

Examinons donc d'abord si les sons nasals appartiennent à la classe des sons simples ou à celle des sons articulés. Il suffit, ce me semble, pour cela, de réfléchir sur la définition connue de ces deux sortes de sons. Les sons articulés s'exécutent, comme on le sait, par le mouvement subit et instantané de quelqu'un des organes de la parole, ou de la langue vers le palais, ou des dents ou des lèvres; or, si je considère la manière dont s'exécute l'émission du son nasal, je n'y vois rien de tout cela. Les organes de la parole qui forment les sons articulés n'y interviennent en rien; ce n'est qu'un son simple qui, au lieu de sortir par l'ouverture de la bouche, est repoussé vers le nez ou il contracte la modification qui lui est propre. Que l'on prononce la voyelle *a*, et qu'aussitôt après on rende ce son nasal, *an*, si l'on observe le jeu des organes dans cette mutation de sons, on verra qu'il n'y a qu'un léger mouvement de la langue qui sert seulement à intercepter le son oral *a*, et à le repousser vers le nez; mais ce mouvement n'est point de la nature de ceux qui produisent les sons articulés, c'est le même que celui qui s'exécute dans le passage d'un son à un autre son, comme de l'*a* à l'*é*. D'où il suit que d'après la définition même des sons simples et des sons articulés, il est impossible de ranger les sons nasals dans la classe de ces derniers, et que par conséquent ils ne peuvent pas subir une destination différente de celle des sons simples.

La doctrine presque universelle des grammairiens les plus célèbres s'accorde parfaitement avec ce principe. « La preuve, disait M. l'abbé *Dangeau* dans sa disserta- » tion sur les voyelles, lue à l'académie, que les voyelles » nasales sont de pures voyelles et des sons simples et » indivisibles, c'est que leur rencontre avec d'autres » voyelles produit nécessairement un bâillement. Quand » un musicien voudra chanter ce vers:

Ah! j'attendrai long-temps, la nuit est *loin encore*.

» il fera tout ce qu'il pourra pour éviter ce bâillement, ou
» bien il prendra une prononciation normande, et dira :
» *la nuit est loin-n'encore* ; ou il mettra un petit *g* après
» loin, et dira : *loing encore* ; ou il fera une petite pause
» entre *loin* et *encore*. La même chose arrive aux comé-
» diens dans des rencontres semblables. Mais quelque ex-
» pédient que prenne le musicien ou le comédien, il
» tombe dans le même inconvénient en voulant éviter
» celui du bâillement, et les tempéraments qu'il cherche
» montrent seulement que mon sytème est vrai. La na-
» ture toute seule lui en fait sentir la vérité, sans qu'il
» ait étudié, comme nous, la nature des sons. »

J'ai entendu beaucoup de personnes se récrier contre
le caractère assigné aux sons nasals, précisément à cause
de l'effet qu'ils produisent, et dont M. l'abbé Dangeau
se sert pour prouver leur indivisibilité. La poésie, di-
sent-elles, aurait-elle admis la rencontre des sons
nasals avec d'autres voyelles, si tel était leur caractère ?
N'est-il pas de son essence de rejeter le heurtement des
sons qui ne peuvent pas se lier, et de faire disparaître
de ses compositions tous les hiatus qui pourraient en
troubler l'harmonie ? Cet argument ne prouve rien
contre le caractère des sons nasals, qui ne sont pas les
seuls que la poésie ait consenti de faire contraster avec
d'autres sons. N'a-t-elle pas les finales en *oie*, par
exemple, que l'on rencontre fréquemment dans les
poètes les plus célèbres, avant d'autres voyelles, quoique cette finale, bien qu'elle soit suivie d'un *e* muet,
ne rende dans la prononciation que le son ouvert *oa*,
comme dans ce vers de Racine :

On m'envoie à Pyrrhus, j'entreprends le voyage.

La poésie, en admettant les sons nasals avant d'autres
sons, a dû compter sur l'exacte prononciation de ceux
qui auraient à subir l'épreuve de ces sortes de rencontres ; car, lorsqu'elle est juste et soignée, il n'y a
jamais d'hiatus à redouter : et peut-on penser en effet
que Racine, l'harmonieux Racine, eût employé ces
rencontres, s'il n'eût pas su qu'on peut faire disparaître
par une bonne prononciation ce qu'elles peuvent com-
porter de rude et de dissonant dans une mauvaise ?

Nous terminerons ici cet article qui aura des développements très-étendus et très-importants dans les prochains numéros.   DUBROCA.

SUR LA PRONONCIATION DU MOT PLURIEL.

—

Ce mot s'écrivait anciennement *plurier*, qui n'était alors en usage qu'au masculin ; mais depuis long-temps l'académie a dit *pluriel*, *plurielle*. « Je mets toujours » (dit Vaugelas) *pluriel* avec une *l*, quoique tous les » grammairiens aient toujours écrit *plurier* avec une *r*. » La raison sur laquelle je me fonde est que *pluriel* ve- » nant du latin *pluralis*, où il y a une *l* en la dernière » syllabe, il faut nécessairement qu'il la retienne en la » même syllabe au français. Ce qui a trompé nos gram- » mairiens, c'est sans doute qu'on écrit *singulier* avec » une *r*, et ils ont cru qu'il fallait écrire *plurier* tout de » même, ne songeant pas que *singulier* vient de *singularis* » où il y a une *r* à la fin. »

D'après la remarque de Vaugelas, *pluriel* a été em- ployé par plusieurs écrivains célèbres, et est enfin devenu d'un usage général. (*Dictionn. de Trévoux.*)

La prononciation de ce mot a dû changer avec son orthographe ; cependant la plupart prononcent encore *plurié ;* c'est à tort, il faut faire sonner l'*l* finale. Du temps de Molière, on la prononçait déjà :

> Ton esprit, je l'avoue, est bien matériel :
> *Je* n'est qu'un singulier, *avons* est un pluri*el.*
>
> <div align="right">Belise, dans les <i>Femmes savantes</i>,
acte ii, scène vi.</div>

Enfin, dès qu'on écrit *pluriel*, il faut prononcer l'*l*, de même qu'on la prononce dans *ciel*, *essentiel*, *officiel*, *superficiel*, etc.

Remarquons qu'il y a un grand avantage à écrire et à prononcer *pluriel*, celui d'avoir naturellement le fémi- nin, avantage que ne donnait pas *plurier*.

Ledru (de Senlis).

QUESTION GRAMMATICALE.

Monsieur,

Dans une de nos séances des *soirées grammaticales*, il s'est élevé une question qui ne peut être résolue, selon moi, que par le développement de principes préliminaires. On demandait « si les *substantifs* dérivent des *adjectifs* ou des *verbes*, ou si ce sont les *adjectifs* ou les *verbes* qui dérivent des substantifs. »

Pour répondre à cette question, il paraît nécessaire de remonter à la définition du mot substantif.

Le substantif est un mot qui exprime un objet existant réellement (ou pouvant exister), considéré en lui-même et indépendamment des qualités qu'il peut avoir, comme quand je prononce le mot *Dieu* : ce mot est un nom réveillant l'idée de l'*être* qui existe par lui-même, abstraction faite de l'énoncé des attributs qui le constituent *tel*, attributs implicitement renfermés dans le mot *Dieu*.

Il n'y a de vrais *substantifs* que les mots qui expriment des êtres, des individus réellement existants ou qui peuvent exister. Cependant, par analogie on a donné le nom de *substantif* à des mots qui expriment des êtres moraux ou même imaginaires, qui n'existent que dans notre esprit ; d'où l'on peut distinguer trois sortes de substantifs :

Le substantif réel ou individuel,

Le substantif qualificatif ou modificatif,

Le substantif verbal.

Le substantif individuel est celui qui peint un *être* réel, physique ou moral, existant ou pouvant exister dans la nature, tel que *Dieu, ange, homme, maison, table, chaise*. Le substantif *individuel* prend le nom de substantif *générique* ou *spécifique*, quand il rappelle ou réveille l'idée des autres êtres qui lui ressemblent. Les noms *homme, maison, table, chaise*, donnés aux premiers objets qui ont frappé notre vue, ont été des noms *individuels*; quand ensuite nous avons donné ces noms à d'autres *objets semblables*, ces noms sont alors devenus des noms *génériques* ou *spécifiques*; génériques, s'ils donnent l'idée de *genre* ; et *spécifique*, si, à l'idée de *genre* ; ils joignent aussi l'idée de l'*espèce*. *Être*, est le mot générique qui appartient à tout ce qui existe. *Animal*, est un être sensible distingué des êtres qui ne sont pas sensibles : en ce sens le mot *animal* est un nom *spéci-fique*. Quand il embrasse tous les êtres sensibles, il est générique. Cette classification d'*individuel*, de *spé-cifique* et de *générique*, a été donnée à tous les êtres qui existent dans la nature et qui peuvent être considérés comme ayant leurs semblables.... Le seul être *individuel*, et qui ne peut être considéré avec genre ou espèce, est *Dieu*, l'être unique.

Les grammairiens ont seulement distingué deux sortes de substantifs : le substantif propre ; c'est le nom *indi-viduel*, et le substantif *commun* ou *appellatif;* c'est le nom générique et *spécifique*. *Dieu*, considéré comme l'*être* des êtres, *Pierre*, *Jean*, *Cicéron*, *César*, sont des noms propres.... *Ange*, *maison*, *table*, *chaise*, etc., sont des noms communs ou appellatifs.

La seconde sorte de substantifs est celle qui ne nomme que des *modes*, des *qualités* que l'esprit sépare en quelque sorte dans la pensée des objets modifiés ou qualifiés, comme *bienfesance*, *figure*, *bonté*, *tristesse*, *pesanteur*, etc. Ces mots étant tirés des *qualificatifs* et des *modificatifs*, prennent le nom de substantifs abstraits.

On reconnaît enfin des substantifs qui ne nomment ni des *êtres* réels ni des qualités permanentes ; mais des actions *faites*, des *effets produits*, des *évènements passagers* : par exemple, *conception*, *réception*, *méprise*, *lecture*, *marche*, *couronnement*, ces noms n'étant que l'expression des actions qui se peignent par les verbes *concevoir*, *re-cevoir*, *méprendre*, *lire*, *marcher*, *couronner*, etc., sont dits substantifs *verbaux*. Ces derniers sont encore des substantifs *abstraits*.

Voici donc les trois sortes de substantifs qu'on peut admettre : les substantifs *réels* ou *individuels;* les subs-tantifs *qualificatifs* ou *modificatifs*, et enfin les substan-tifs *verbaux*.

Cette division étant admise, nous entreprenons de répondre à la question proposée.

1°. Les substantifs qui expriment des êtres réels et individuels, sont des mots primitifs qui, comme les objets qu'ils peignent, existent indépendamment des modes et des qualités dont ils sont susceptibles, et qui ne leur sont qu'accidentels ; ces substantifs sont la *base* et l'*appui* de leur modificatif ou de leur qualificatif, comme les objets qu'ils représentent sont logiquement le soutien des modes et des formes qu'ils peuvent prendre : il faut bien distinguer les modes et les formes d'un objet des propriétés essentielles qui le constituent *tel*, et sans lesquelles il n'existerait point. Ainsi Pierre est *homme*, non pas parce qu'il est *grand* ou *petit*, *noir* ou *blanc*, mots qui ne signifient que des qualités accidentelles, et qui ne lui sont pas tellement essentielles qu'il ne pût en être privé ou en avoir d'autres, mais parce qu'il est formé de *corps* et d'*ame*, seules propriétés qui le constituent *homme*.

Ces substantifs ne dérivent point de leur qualificatif ou de leur modificatif. *Dieu* ne dérive point de *divin* ni de *diviniser* ; *homme*, d'*humain*, d'*humaniser* ; *pierre* de *pierrerie*, *pierreux*, *pétrifier*, etc., etc. Ces substantifs, au contraire, ont fait naître l'idée du modificatif ou du qualificatif, comme l'objet fait naître l'idée de la copie : *Dieu*, *homme*, *pierre*, sont le type de *diviniser*, *humaniser*, *pétrifier* ; ils sont mots primitifs ; ils ne sont donc point dérivés.

2º. Les substantifs qualificatifs ou modificatifs, appelés par les logiciens noms *abstraits*, n'expriment point une *chose* qui puisse exister seule ou d'elle-même. Il n'y a point, par exemple, de *bonté*, s'il n'y a quelque chose qui soit *bon* ; point de *prudence*, s'il n'y a quelqu'un qui soit *prudent*. Nous en dirons autant de *bienfesance*, de *hardiesse*, de *tristesse*, de *pesanteur*, etc. : tous ces mots n'existeraient pas sans un objet *bienfesant*, *hardi*, *triste*, *pesant* ; ils en tirent leur existence, leur signification (c'est ici l'adjectif qui a donné naissance au substantif) ; ils en sont abstraits ; ils en *dérivent*.

3º. Les substantifs qui n'expriment ni des *êtres* réels ni des qualités permanentes, mais qui rappellent des *actions faites*, des *effets produits*, des *évènements passagers*, se tirent pareillement des verbes qui affirment l'action exprimée dans le substantif. Comme ils ne sont que le résultat et l'expression de l'action qui *se fait* par le verbe, de l'*évènement qui se passe*, de l'*effet qui est produit*, ils en naissent, ils en dérivent. Ainsi *livraison* vient de *livrer*, *méprise* de *méprendre*, etc., etc.

Ces derniers substantifs sont encore des substantifs dérivés.

Les substantifs qui désignent des professions, sont aussi des substantifs verbaux *dérivés*, comme *courrier* de *courir*.

Nous dirons en passant, que la différence qui existe entre le substantif verbal et le verbe d'*action*, c'est que le substantif peint l'existence de l'action dépouillée de l'affirmation et de tous les accidents qui appartiennent au verbe, au lieu que le *verbe* en peignant l'*action*, en exprime l'*affirmation* avec *mode*, *temps*, *nombre* et *personne*.

CONCLUSION : Les seuls substantifs *réels* ou *individuels* dans lesquels nous comprenons aussi les substantifs *génériques* et *spécifiques*, sont des mots *primitifs* qui existent par eux-mêmes : ils ne sont donc point *dérivés*.

Les substantifs *modificatifs*, *qualificatifs*, ainsi que les substantifs *verbaux* venant des adjectifs ou des verbes, sont des mots secondaires *abstraits* de leurs adjectifs ou de leurs verbes, et par conséquent *dérivés*.

C'est ce que nous avions à démontrer.

Il est des substantifs qui, pris dans leur acception primitive ou naturelle, étant des substantifs *qualificatifs* ou *verbaux*, deviennent substantifs *individuels* par la signification abusive ou métaphorique qu'on leur donne, *et vice versâ*, selon le sens propre ou le sens figuré dans lequel on emploie ces mots.

PASTELOT.

ÉNIGME.

Je m'assieds sur le trône ;
On me voit sur le Pô ; je m'étends sur le Rhône,
Je couvre les châteaux,
Et, sans être gourmand, je flaire les gâteaux ;
J'accompagne l'Etre Suprême,
Je marche avec le diadème ;
On me prête sur intérêt,
Et je domine la forêt.
Hé bien ! mon cher lecteur, ne peux-tu me connaître,
Tant de fois me voyant paraître ?

ERRATA :

A la page 5, ligne 6, au lieu de *furent*, lisez : *fut*

MANUEL

DES AMATEURS

DE LA LANGUE FRANÇAISE.

~~~~~~

EXAMEN D'UNE GRAMMAIRE.

Abrégé de la Grammaire française, par Etienne Jacquemard (1) , avec cette épigraphe :

« Les langues sont les clefs des sciences. »
LA BRUYÈRE.

Sɪ l'auteur du Traité des Etudes revenait de l'autre monde, et qu'il vît la foule prodigieuse des grammaires qui ont paru depuis trente ans, il ne se plaindrait plus probablement que la grammaire était infiniment estimée, et cultivée avec beaucoup plus de soin chez les Grecs et les Romains que parmi nous (2). Je ne sais cependant si nous devons nous féliciter de cette abondance d'ouvrages dont la comparaison augmente nos doutes, bien loin de les dissiper, et qui embarrassent les maîtres eux-mêmes sur le choix qu'ils en ont à faire.

On a senti l'inconvénient qui résultait en France de la multitude des lois et des coutumes, et l'on a réuni les lois civiles dans un même code. Pourquoi donc la république des Lettres n'agirait-elle pas de même ? Car, si nous n'avions qu'une seule grammaire, où les principes et les règles du langage fussent établis d'une manière claire et précise, qui embrassât tous les points difficultueux de notre langue (ce qui ne serait pas absolument impossible, maintenant qu'on a tant de matériaux); si une pareille grammaire existait, dis-je, alors plus d'embarras, beaucoup moins d'incertitude, et chacun puiserait dans un seul livre la science que nous sommes obligés d'aller chercher et que nous trouvons à peine dans mille.

Peut-être m'objectera-t-on que le code légal a ses

_____

(1) A Paris, chez M. Michaud, rue des Bons-Enfants, n° 34.
(2) Histoire ancienne de Rollin, tome xı.

ıɪ.   3

commentateurs, qui pensent plus ou moins différemment sur la signification et l'application de certains articles, et que le *code grammatical* aurait également les
siens. — Sans doute ; mais de même qu'il y a des juges
pour déterminer le sens de la loi, il y aurait des savants
chargés de décider sur les points grammaticaux qui
pourraient arrêter ; néanmoins ce serait toujours à
l'*unique* grammaire que l'on recourrait ; et les principes qu'elle aurait consacrés serviraient de base aux
jugements (1).

Au surplus, si les ouvrages de grammaire qu'on a
vus paraître depuis quelque temps, ne sont pour la plupart que des compilations indigestes, souvent remplies
d'erreurs et de contradictions, il en est d'un vrai mérite,
parmi lesquels celui dont je vais rendre compte doit
occuper un rang distingué.

C'est la deuxième édition d'un ouvrage publié d'a-
bord sous le titre d'*Elémens de la grammaire française*,
à l'usage des enfants. Ce changement de titre était réclamé
par la raison, puisque l'ouvrage ne peut convenir qu'à
des jeunes-gens qui ont déjà fait quelques progrès
dans la carrière épineuse et difficile de cette clef des
sciences.

Le format de l'édition était in-quarto : aussi ne con-
venait-il pas à tout le monde, soit à cause du prix, soit
à cause de la grandeur du volume. M. Jacquemard a bien
fait d'adopter l'in-12 ; mais il me semble qu'il a eu
grand tort de ne pas conserver sa préface dans cette
nouvelle édition ; elle annonçait les motifs qui l'avaient
déterminé à suivre l'orthographe dite de Voltaire, et à
conserver le *t* dans le pluriel des noms en *ant* et en
ent (2). J'engage cet estimable grammairien à le repro-
duire dans sa troisième édition.

M. Jacquemard, sentant la difficulté de faire adopter
les innovations même les plus raisonnables, a cru devoir
conserver les anciennes dénominations des parties du

_____

(1) Le vœu de l'auteur de cet article se trouve à-peu-près ac-
compli par M. Girault-Duvivier, qui vient de publier une nouvelle édition de sa *Grammaire* des *Grammaires*, dont nous rendrons
compte dans un des prochains numéros.   A. B.

(2) Voyez à cet égard notre première année, page 43, 79 et
184.   A. B.

discours, toutes vicieuses qu'elles sont. Mais il a fait
connaître par des notes celles qu'ont adoptées MM. Domergue et Boinvilliers. Il tient en général un certain
milieu entre les anciens et les nouveaux principes.

C'est avec raison qu'il range dans la classe des noms
ou substantifs les prétendus pronoms *quiconque*, *on*,
chacun, *rien*, *tout*, *personne*, *autrui*, *celui*, *cela*, etc.,
qu'il appelle *noms indéfinis*; et dans la classe des adjectifs d'autres faux pronoms, tels que *mon*, *ma*, *mes*,
ton, *ta*, *tes*, *notre*, *votre*, *leur*, *ce*, *cette*, *un*, *une*, etc.
Il aurait dû y joindre *le*, *la*, *les*, qui ne sont aussi que
de véritables adjectifs.

Je ne puis m'empêcher de faire remarquer, par rapport à ces derniers mots, un défaut de raisonnement
qui se trouve dans la plupart des grammaires : « *Les
» bâtiments, les jardins*, dit M. Jacquemard, sont du mas-
» culin, PARCE QU'ON DIT au singulier, *le bâtiment*, etc. »
Mlle Vauvilliers, dans sa nouvelle méthode pour en-
seigner le français, rapporte aussi cette règle de Res-
» taut : « *chemin*, *château* sont du genre masculin,
» PARCE QU'ON DIT *le chemin*, *le château*; *route*, *maison*,
» sont du genre féminin, PARCE QU'ON DIT *la route*,
» *la maison* ». Quand ce *parce qu'on dit* cessera-t-il donc
d'être ainsi répété ? « N'est-ce pas au contraire, dit
» M. Lemare (page 241 de son Cours de langue fran-
» çaise, note 437), à cause que *château* est du masculin,
» et que *maison* est du féminin, qu'on dit *le château*,
» *un château*, *la maison*, *une maison*, comme on dit
» *grand château*, *grande maison* ? »

L'auteur n'admet, à l'exemple de M. Domergue,
que deux conjugaisons, la première terminée en *er* à
l'infinitif présent, la seconde terminée en *ir*, *oir* ou *re*.

Les chapitres du verbe et du participe sont traités
d'une manière très-satisfesante dans la grammaire
de M. Jacquemard, et bien plus amplement que par-
tout ailleurs ; j'y renvoie les lecteurs, qui me sauront
sans doute gré de la leur avoir fait connaître.

M. Jacquemard appelle *verbe intransitif* ce qu'on
appelle ordinairement *verbe neutre*; et il n'a conservé la
division des verbes en *actifs*, *passifs* et *réflechis*, que
pour ne pas *effaroucher* le lecteur par des mots dont
il avait bonne envie de faire usage. « Pour indiquer les
verbes *réfléchis*, *réciproques* ou *pronominaux*, la déno-

mination de verbe *séitif* serait tout-à-la-fois, dit M. Jacquemard, simple, claire, analogique. »

Ce mot de *séitif*, inventé je crois par M. Domergue,
se trouve dans ses *exercices orthographiques*, qui auraient
pu devenir d'une utilité commune et générale, s'il n'y
eût employé certains termes auxquels nos oreilles ne
sont point accoutumées.

Avant de passer à la syntaxe, M. Jacquemard donne
une idée de la *proposition*, improprement appelée
phrase. Ce chapitre est encore extrait de M. Domergue ;
mais l'auteur a conservé les mots *sujet*, *verbe*, *attribut*,
en indiquant ceux que M. Domergue y a substitués.

Dans une note de la page 116, M. Jacquemard observe avec justesse qu'il ne faut pas confondre l'adjectif
verbal avec le participe présent ; celui-ci marque ordinairement une action, a toujours un complément, une
suite quelconque, et l'on peut le tourner par *comme, parce
que*, par le pronom *qui*, et le *verbe* propre à rendre tout
le sens de la phrase.

Après avoir lu cette règle et les exemples qui l'appuient, on n'est pas peu étonné de lire ces deux lignes
marquées d'un astérisque: « On ne dit qu'au palais, *la
» maison* APPARTENANTE A » (1) comme si par-tout ailleurs on ne pouvait pas employer cette expression.
M. Jacquemard a-t-il donc craint de déplaire à M. Lemare, qui ose dire, page 60 de son Cours théorique et
pratique de langue française : « *Contre toute analogie,
» on dit dans l'argot des boutiquiers et de ceux que Louis XII
» appelait porte-sacs : ce sont des maisons appartenantes
» à M. le Duc.* » Quelle expression, *l'argot des boutiquiers!*

Je profite de l'occasion pour tenter d'éclaircir les
doutes que les étudiants pourraient conserver sur la dé-
clinabilité ou l'indéclinabilité de quelques participes
présents. Voici à ce sujet une règle que je crois claire
autant que simple ; c'est l'ouvrage de M. Bertrand qui
m'en a donné l'idée (2).

RÈGLE. Si le mot qu'on appelle vulgairement *participe - présent* peut se remplacer par un adjectif qui y

_____

(1) Voyez page 225 et 235 de la première année.
(2) Raison de la syntaxe des participes dans la langue française, par J. B. Bertrand, un volume in-8° ; à Paris, chez
Alex. Johanneau, rue du Coq-Saint-Honoré, n° 6.

réponde ou ait à-peu-près le même sens, mais toute-fois précédé de *étant*, il est *indéclinable*, et alors on peut lui conserver la dénomination de participe présent ou participe actif.

Si ce mot peut se remplacer tout simplement par un adjectif qui y réponde ou ait à-peu-près le même sens, sans qu'on soit obligé de le faire précéder de *étant*, il est *déclinable*, et alors on lui donne la dénomination d'adjectif verbal.

EXEMPLES.

Participe présent.	Adjectif verbal.
Cette maison *appartenant* à votre frère, vous ne pouvez en disposer. (On pourrait dire : *étant propre à votre frère, étant possédée par votre frère.*)	Je veux que vous jouissiez de ma maison comme d'une chose à vous appartenante. (On dirait : *comme d'une chose à vous propre*).
Madame Sainte–Claire *demeurant* en Amérique, je ne puis avoir de ses nouvelles que très–rarement. (On pourrait dire : *étant domiciliée*).	J'écris à Mme Sainte-Claire, *demeurante* en Amérique. (On dirait : *J'écris à Mme Sainte-Claire, domiciliée en Amérique*).
La cour d'appel *séant* dans un local trop étroit, en a demandé un autre. (On pourrait dire : *étant située, étant placée*).	J'ai comparu à l'audience de la cour d'appel *séante* à Amiens. (C'est-à-dire, *sise* à Amiens).
Cette prairie *tenant*, *attenant* à mon domaine, je désire l'acquérir. (On pourrait dire : *étant contiguë, unie, jointe à mon domaine*).	J'ai acquis, l'année dernière, une prairie *tenante*, *attenante* à la mienne. (C'est-à-dire, *contiguë, jointe, unie à la mienne*).
Mes créances *résultant* d'un titre régulier, je ne crains point de les perdre. (On pourrait dire : *mes créances m'étant acquises d'un ou par un titre régulier*).	J'ai dressé le bordereau des créances *résultantes* à mon profit des titres qui m'ont été souscrits. (C'est-à-dire, *acquises à mon profit*).

J'ai choisi exprès quelques phrases de palais, pour justifier les gens de lois qui font varier le participe : il serait à désirer qu'ils ne fissent pas d'autres fautes.

Je terminerai cet article en recommandant aux jeunes-gens qui désirent écrire correctement, d'étudier avec attention la troisième partie qui traite de l'orthographe.

L'auteur a ensuite dressé deux tableaux : le premier présente une grande quantité d'homonymes, accompagnés d'observations utiles ; le second est un recueil de locutions vicieuses, avec leurs corrections en regard ; mais l'auteur n'y a point indiqué la faute assez commune que l'on fait en disant : *observer à quelqu'un* ou *faire une observation à quelqu'un ;* il a au contraire commis une faute semblable ; page 142, on lit : « *l'infinitif pré-* » *sent* est toujours *invariable.* C'est *une observation* que » je *renouvelle aux commençants* (1), etc. » *Renouveler* une observation à quelqu'un, n'est pas plus français que *faire une observation à quelqu'un.* (Voyez page 310 du Manuel).

M. Jacquemard a fait beaucoup de remarques qui pourraient paraître oiseuses ; mais son ouvrage étant particulièrement destiné à la jeunesse, il a, suivant sa propre expression, cherché à applanir les difficultés qui naissent à chaque instant sous la plume des élèves.

On peut lui reprocher à plus juste titre quelques incorrections, ou quelques principes tombés en désué-tude. Par exemple, on est choqué d'y trouver la pro-nonciation de *Claude* figurée par *Glaude* : autrefois, c'était effectivement la manière de prononcer ce mot ; on dit même encore aujourd'hui *prune de reine-glaude*, qui s'écrit *reine-claude* : mais pour le nom patronal, il se prononce à présent *Klaude.* M. Boissonade est de cet avis (Voyez le journal de l'Empire du 23 ou 24 sep-tembre 1810, à l'article *Variétés*). On est fâché aussi de trouver, parmi des exemples bien choisis, des phrases ou des vers qui ne peuvent être cités isolément sans perdre de leur mérite, comme celui-ci :

Le puceron n'a point d'épouse ni d'époux.

DELILLE.

On peut lire, page 175 de la première année de ce Manuel, une dissertation de M. Ballin, relative à une erreur qui se trouvait dans la première édition de la grammaire de M. Jacquemard, sur *ainsi que* ; comme

---

(1) Il fallait : C'est une observation que je renouvelle ici en faveur des commençants.

c'est moi qui avais indiqué cette erreur, je me fais un devoir d'annoncer qu'elle ne subsiste plus dans la seconde édition.

La partie typographique de cette grammaire mérite des éloges ; je trouve sur-tout qu'on a fort bien fait d'employer les capitales au lieu des italiques. Je dois remarquer cependant que c'est à tort qu'on a écrit *dangéreux*, car on prononce *dangereux*.

Je prie M. Jacquemard de me pardonner, si, à de justes éloges, j'ai cru devoir mêler des critiques qui m'ont été suggérées par le désir que j'ai de voir sa grammaire portée à un plus haut point de perfection, et obtenir le succès qu'elle mérite.

Le Dru (de Senlis).

LETTRE DE M. PASTELOT.

Paris, le 25 août 1814.

Monsieur et cher confrère,

De toutes les innovations qui donnent à notre langue une physionomie étrangère et presque barbare, je n'en ai point encore vu de plus hardie que celle qui commence la préface du *Traité simplifié des conjugaisons françaises : Persuadé* comme *nous* le sommes de, etc., etc.

Persuadé, adjectif-participe sous le nombre singulier et mis en rapport avec le substantif ou pronom *nous* qui est au pluriel, me présente une bigarrure, une discordance que je n'ai pu soumettre à aucune de nos règles connues, même à l'aide de l'analyse.

Il n'est point de grammairien qui n'admette en principe que l'*adjectif*, ne fesant qu'un avec le *substantif* qu'il qualifie, doit en prendre le genre et le nombre. Par quelle exception à cette règle pourra-t-on faire accorder *nous*, du nombre pluriel, avec *persuadé*, sous la forme du singulier ?

S'autorisera-t-on d'une multitude infinie de locutions qui présentent la même forme, telles que celles-ci : *Nous, par la grace de Dieu, roi de France et de Navarre....*

avons ordonné et ordonnons ce qui suit, etc. *Nous, commissaire ordonnateur, avons requis*, etc., etc.

Je vois dans ces deux locutions une métonymie, *nous* employé pour *je*, et qui ne contredit point la règle de l'accord de l'adjectif avec le substantif : *roi*, *ordonnateur*, sont des substantifs appellatifs qui modifient le substantif *nous*, et qui n'en sont point les adjectifs. Il y a dans ces deux phrases une ellipse que l'on peut remplir ainsi : *nous*, qualifiés du titre de *roi*.... du titre de *commissaire*, avons ordonné.... avons requis, etc., etc. Supprimez les mots *qualifiés du titre de*, il reste *nous, roi... nous, commissaire....* c'est un accord de *rapport* seulement, connu sous le nom d'*apposition*, comme quand nous disons : *nos enfants, l'espérance de la patrie.... Tulliola, nos délices*, où l'on voit *espérance*, subst. fém. en rapport avec *enfants*, pl. masc., mais non point en accord de *nombre* ni de *genre*.

Il n'en est pas de même du mot *persuadé* qui est un véritable *adjectif*, et qui doit nécessairement prendre les formes du *substantif* qu'il qualifie. On pourrait chercher à justifier cette *anomalie* en remplissant ainsi l'ellipse : nous, *auteur de cet ouvrage*, *persuadé*, comme nous le sommes, etc. Alors *persuadé* serait en rapport immédiat avec *auteur*, dont il prendrait le *genre* et le *nombre*; mais *auteur* n'est lui-même qu'un modificatif de *nous*; c'est *nous* qui sommes *persuadés* comme *auteur*.

Dira-t-on encore que c'est une syllepse ? que le mot *nous* n'est employé que par *emphase*, qu'il ne peint à l'esprit qu'un seul individu, qu'il est mis pour *je*, et que l'on fait accorder l'adjectif qui le qualifie avec le sens et non avec la lettre, comme quand on dit : *une multitude de citoyens périrent dans cette expédition*. Je répondrai que le mot *multitude* déterminé par le mot *citoyens*, emporte nécessairement une idée de pluralité qui force l'écrivain à faire accorder le *verbe* et l'*adjectif* avec le substantif *citoyens* qui, logiquement est le véritable sujet de la phrase; nous ne pouvons pas en dire de même du mot *nous* que l'usage a consacré pour le pluriel, et qui donne ce nombre à son verbe comme il doit le donner à l'adjectif qui lui sert d'attribut, et qui est le complément du verbe.

Nous objectera-t-on le mot *vous*, employé comme

singulier, et qui donne ce nombre à l'adjectif qui le suit, sans le donner au verbe, qui conserve la forme pluriel, comme, quand parlant à un seul enfant, on lui dit : *vous êtes bien aimable*. Voilà, je crois, le dernier retranchement de l'auteur.

Je répondrai que l'usage a consacré le mot *vous* pour exprimer le *singulier* comme le *pluriel*, et qu'il conserve au verbe la forme du pluriel, quoique l'adjectif qui suit ce verbe se mette au *singulier* ; il nous permet de dire : *Mademoiselle vous êtes charmante*, une personne *charmante*. La demoiselle pourrait-elle repondre, en vertu du même usage : vous dites, Monsieur, que nous sommes *charmante*, une personne *charmante*. Je ne sache point qu'il se soit prononcé en faveur de cette dernière locution, ni qu'aucun grammairien l'ait réduite en principe.

Si je suis dans l'erreur, Monsieur et cher confrère, en ne pensant pas sur ce point comme notre ami commun, l'auteur du *Traité simplifié des conjugaisons*, veuillez me faire le plaisir de m'en retirer, en m'éclairant de vos lumières, et me mettre à même de profiter de vos observations sur cet objet, ainsi que je me suis empressé de le faire dans mille circonstances.

Votre dévoué serviteur et ami,

PASTELOT.

(*La réponse à cette lettre et à la suivante sera dans le prochain cahier.*)

RÉPONSE DE M. VANIER.

Monsieur,

En lisant la lettre de M. Pastelot, je me trouve dans l'obligation d'y répondre ; j'attends en conséquence de votre justice une petite place dans votre intéressant Manuel.

Je commence par convenir que M Pastelot a grandement raison de dire « qu'il n'est point de grammai- » rien qui n'admette en principe que l'adjectif, ne » fesant qu'un avec le substantif qu'il qualifie, doit en » prendre le genre et le nombre. » Je suis tellement de cet avis, que je répète, à qui veut l'entendre, que c'est à l'aide de l'abstraction seulement que nous nous rendons compte par la pensée de la *substance* et de l'*accident;*

mais qu'accident et substance ne fesant qu'un dans la nature , le *substantif* et l'*adjectif* ne doivent faire qu'un dans le discours. C'est pour donner à ses élèves cette idée d'identité , que M. l'abbé Sicard leur fait écrire le substantif en grosses lettres, écartées les unes des autres , pour y intercaler en petites lettres l'adjectif qu'il y fait rapporter.

Il ne reste plus de difficulté entre M. Pastelot et moi , si ce n'est que ce même principe qu'il emploie pour me prouver que j'ai tort , je l'invoque pour lui prouver que j'ai raison.

Persuadé comme *nous* le sommes.... etc. , n'est , selon moi , qu'une syllepse , comme *vous* êtes *charmante*. Je n'admets pas son ellipse : *vous* êtes (une personne) *charmante* , quoique je pusse me servir de ses propres armes pour dire : *nous* sommes (un auteur) *persuadé* ; et certes, il n'aurait rien à répondre. Mais, encore une fois , il n'y a pas d'ellipse , mais bien syllepse ; et l'accord même de l'adjectif avec le substantif, tant invoqué par M. Pastelot , exige le singulier , il faut qu'il s'en convainque. Qu'est ce qu'une syllepse? une figure par laquelle le discours répond plutôt à notre pensée qu'aux règles de la grammaire. Quelle pensée réveille en moi cette phrase : *vous* êtes *charmante*. Rien autre que celle-ci : *tu* es *charmante* ; à l'exception que *vous êtes* est , de convention reçue , plus poli que *tu es*. Notre esprit ne voit dans le *vous* qu'un *tu* de convention ; il n'y a là qu'une seule personne ; l'aspect du pluriel que présente le *vous* n'est qu'une écorce grammaticale que la logique brise pour arriver à l'objet unique qu'on a intention de modifier, et la main se refuse à marquer du signe de pluralité un modificatif qui n'est réellement identique qu'avec un singulier. Cet accord d'identité dont parle M. Pastelot, serait donc violé si l'on mettait le pluriel , puisqu'il dénaturerait la pensée en présentant une locution qui ne pourrait s'adresser qu'à plusieurs personnes , lorsqu'on ne veut parler qu'à une seule.

Le même raisonnement s'applique au mot *nous* employé pour *je* ; c'est la même syllepse : ce n'est point *nous* (qualifiés du titre de) *roi* , c'est tout uniment *nous roi*, mis pour *moi roi*. Ce n'est point non plus *nous* (qualifiés du titre d'auteur) *persuadé*, c'est simplement *nous persuadé*, employé pour *moi persuadé*. Un roi , un

ministre , un préfet, une autorité enfin se sert du *nous*
en parlant au singulier : c'est une convention reçue
pour désigner la puissance. Cela veut dire , *moi*, et mes
agents en cas de besoin. Un auteur se sert de la même
syllepse , mais par modestie ; le *je* lui paraît trop tran-
chant. En disant *nous* , il veut dire *moi* , et ceux de
mon opinion. Si l'on considère qu'il n'y a en effet qu'un
seul individu d'exprimé par *nous* , comme il n'y en a
qu'un d'exprimé par *vous*, on doit, toujours par la même
syllepse , laisser au singulier l'adjectif qui suit , puisque dans notre esprit nous n'avons d'autre intention
que de modifier le *je* ou *moi*, exprimé par le *nous*. Si
M.Pastelot avait fait cette réflexion, il ne se serait pas tant
récriminé contre cette phrase qu'il condamne : « Vous
dites, Monsieur, que *nous* sommes *charmante* ! » J'en
demande pardon à notre cher collègue , mais je la
trouve bonne , quoi qu'il en dise. A-t-il donc oublié
qu'on emploie , et très-grammaticalement encore , la
première personne du pluriel de l'indicatif en rempla-
cement de celle du singulier de l'impératif qui nous
manque ? Une dame dit tous les jours, en se parlant à
elle-même : *soyons prudente* ; *soyons juste*. Dans une co-
médie , par exemple , une soubrette dirait d'un valet :
« Il est fin , soyons *rusée*. » Ou encore : « Nous ne
sommes pas si *dupe*. » Enfin , il y a mille et une circonstances où cette figure donne à la pensée , sur-tout
dans les entretiens familiers et au théâtre , un certain
piquant qu'il serait difficile de trouver dans la manière
de parler ordinaire. Mettre l'adjectif au pluriel en pareil
cas , serait , ce me semble , en ôter tout le charme et
faire même un contre-sens. La soubrette aurait l'air de
parler de sa maîtresse et d'elle , lorsqu'elle ne veut ici
parler que de soi.

Ceci me rappelle une discussion qui s'éleva un jour
en ma présence entre un huissier et un maître d'école,
au sujet de la rédaction d'un procès-verbal où le premier avait fait usage de la syllepse. En voici à-peu-près
la contexture :

« L'an 17......, à la requête du sieur Denis , nous
» Gaspard Farod , *huissier* audiencier à......, nous nous
» sommes *transporté* rue...., n°...., *accompagné* des sieurs
» Balthazard de Verte Allure et Guillaume L'avisé,
» tous deux praticiens , où étant *arrivé*, avons fait ité-

» ratif commandement de par le roi et justice, au sieur
» de Blanche-Epée, maître en fait d'armes, de pré-
» sentement payer à nous *huissier*, *porteur* de contraintes,
» la somme de..., etc., etc., sous peine d'être par nous
» *huissier sus-nommé*, appréhendé au corps en vertu
» d'une sentence exécutoire rendue contre lui, le.....
» dernier, lequel Blanche-Epée, homme hautain et
» brutal, sans respect pour justice et gens du roi, nous
» a indignement *incertivé* en propos injurieux, s'étant
» même porté à des voies de fait contre nous ; nous
» ayant *frappé*, et nous aurait en outre *assassiné* sans le
» secours et les justes remontrances de deux voisins y
» accourus par nos cris. De tout quoi nous avons dressé
» le présent procès-verbal de rébellion....., etc., etc. »

Vous me dispenserez volontiers du reste, Monsieur,
ainsi que du long discours du maître d'école qui voulait
à toute force le pluriel à cause du *nous*, tandis que
l'huissier voulait le singulier à cause du *je*. Il s'égosillait
à dire : *je*, ou *moi* seul, étais accompagné de mon
monde : *je*, ou *moi* seul, étais porteur de contraintes...—
Et des coups de M. Blanche-Epée, lui dis-je. — Oh !
c'est bien vrai, répétait l'huissier, car mes acolytes ont
commencé par se sauver au premier juron de ce grand
brutal. Enfin, n'est ce pas *je* ou *moi*... — Oui, oui,
monsieur l'huissier, lui dis je, c'est bien *tu* ou *vous* seul
qui passiez par les mains de votre bretteur ; en mettant
le pluriel, vous feriez partager vos périls et votre gloire
à vos poltrons de recors qui n'y étaient pour rien.
Croyez-moi, monsieur l'huissier, laissez le singulier
en dépit du magister, ou vous ôtez toute la fraîcheur
de votre procès-verbal.

Tel est, monsieur le rédacteur, le jugement que j'ai
porté et que je soumets à votre judicieuse révision.

Croyez, je vous prie, à l'assurance de mes sentiments distingués.

Le secrétaire-général de la société royale académique
des sciences,

VANIER.

LETTRE DE M. JACQUEMARD.

Cintrey, ce 4 août 1814. (Haute-Saône.)

Monsieur ,

J'ai avancé à tort l'expression que *ainsi que* équivaut à *et*. J'ai reconnu, depuis l'impression de mon ouvrage, que l'on dit et que l'on doit dire :

Le riche et le pauvre sont sujets à la mort.

Et :

« Le riche, ainsi que le pauvre, *est* sujet à la mort. »

Ma condamnation se trouve dans les phrases citées par M. Ballin; elle est encore écrite dans *Zaïre* :

. . . . . *Le juste*, aussi bien que le sage ,
Du crime ou du malheur SAIT tirer avantage.
VOLTAIRE.

La faute que M. Ballin a daigné relever dans ma première édition, a heureusement disparu de la seconde (1), qui renferme encore assez d'autres balourdises. Quelles que soient les observations qu'on voudra bien m'adresser ; je les recevrai avec reconnaissance. « J'aime qu'on me conseille, et non pas qu'on me loue. »

J'ai lu votre article en réponse à M. Dupuy sur l'orthographe du mot *même*. J'en ai été très-satisfait. Je crois comme vous qu'il faut dire avec Racine :

Maître de tant d'états, arbitre des siens *mêmes*,
Cachait (il) ses cheveux blancs sous trente diadèmes.
Mithridate.

Et :

Voulez-vous pour témoins de vos faits éclatants
Des pays inconnus *même* à leurs habitants ?
Alexandre.

Dans le premier vers, *même* est un adjectif; dans le

---

(1) Un volume in-12, imprimé chez Michaud, rue des Bons-Enfants, n° 34, à Paris. Il se trouve chez Alex. Johanneau, rue du Coq-Saint-Honoré.

quatrième, *même* est un sur–adjectif (1), vulgairement appelé *adverbe*.

Quoiqu'on lise dans Luce et dans le célèbre traducteur de Pope :

. . . . . Hector n'a cédé qu'aux Dieux *même* ;
HECTOR.

Les rois *même* aux vertus s'instruisent par prudence ;
FONTANES.

je ne conseillerais pas aux jeunes poètes d'imiter cette licence. Dans l'une et dans l'autre phrase, *même* est essentiellement adjectif, et réclame le signe du pluriel.

Salut et estime.

JACQUEMARD.

SYNONYMIE.

AGENDA, SOUVENIR.

Le sens propre de ces deux mots leur laisse à peine quelques traits de ressemblance, puisque l'un signifie *chose à faire*, et l'autre, *rappel à la mémoire*. L'analogie qui peut seule les rattacher à un point commun de signification, fait entrevoir que pour exécuter les choses qu'on a *à faire*, il faut se les rappeler ou les avoir présentes à la mémoire. La substitution respective de ces mots dans le discours, ne peut donc avoir lieu que par l'emploi réciproque du nom de l'action pour celui du

---

(1) Cette dénomination de *sur-adjectif*, inventée par le savant Lemare, me parait de beaucoup préférable à celle d'*adverbe*. Ce mot, en effet, modifie toujours soit un adjectif qualificatif, soit un adjectif verbal actif ou passif, appelé par la routine participe présent ou passé.

EXEMPLES:

Le vice TOUJOURS *sombre* aime l'obscurité.
BOILEAU.

On parle (est *parlant*) MIEUX quand on est écouté.
Mme DE VANNOZ.

« Le sort de la France a PRESQUE TOUJOURS *été* que ses entreprises et même ses succès hors de ses frontières, lui sont devenus funestes. »
VOLTAIRE (siècle de Louis XIV).

moyen ; métonymie d'une espèce fréquente dans le langage figuré.

Mais ces deux mots peuvent être rapprochés plus intimement sous le point de vue comparatif de deux de leurs significations secondaires, le premier comme un *petit livret destiné pour* ÉCRIRE *les choses qu'on a à faire*, et le second comme des TABLETTES *où l'ON ÉCRIT les choses dont on veut se rappeler la mémoire*. D'après ces définitions, que nous ne nous permettons pas de modifier, parce que nous les tirons textuellement du dictionnaire de l'Académie, nous voyons une ressemblance marquée entre l'*agenda* et le *souvenir* sous le rapport typographique. C'est sous ce dernier rapport que nous allons envisager leur synonymie, ou plutôt déterminer leur différence.

L'agenda et le souvenir sont *des tablettes sur lesquelles on écrit ce dont on veut que la mémoire soit affectée, postérieurement à l'époque à laquelle on en prend note.* Voilà leur point de ressemblance.

Leur différence consiste en ce que l'*agenda* offre des tablettes sur lesquelles on écrit ce que l'on se propose *de faire*; le *souvenir*, des tablettes sur lesquelles on note ce qu'on veut *se rappeler*. L'*agenda* tient presque toujours présent à la mémoire ce que le *souvenir* y retrace ; l'un est moins un moyen de ne pas perdre de vue que de ne pas confondre les choses que l'on a à faire ; l'autre tend spécialement à retirer de l'oubli ce qui pourrait y rester enseveli. L'*agenda* a un but pratique ; le motif du *souvenir* est de pure spéculation. Un signe, une marque légère suffit pour réveiller la pensée sur un objet indiqué dans un *souvenir*; mais certaines notes sont indispensables pour avoir présentes à la mémoire les circonstances importantes d'une affaire consignée dans un *agenda*. Ces dernières tablettes doivent donc être plus étendues que les précédentes. L'*agenda* embrasse le cours d'une année, et le *souvenir* ne s'étend guère au-delà d'une semaine. Un *agenda* peut donc servir de souvenir sans qu'un *souvenir* puisse tenir lieu d'un *agenda*. Enfin, un *agenda* forme les tablettes des gens d'*affaires*, et le *souvenir* les tablettes des *gens du monde*.

ÉTYMOLOGIE DE CES DEUX SUBSTANTIFS.

1°. *Agenda.*

1°. L'*agenda*, comme nom d'un livret, est un mot tout latin qui, du signe du contenu, est devenu signe du contenant.

2°. Agenda en latin, est un nom elliptique du pluriel neutre de l'adjectif *agendus*, *a*, *um*, signifiant *choses à faire.*

3°. *Agendus*, *a*, *um*, est le participe futur passif de *agere*, agir; c'est-à-dire, ce qui doit être fait.

4°. *Agere*, *ago*, *egi*, *actum*, agir, faire, pousser, mettre, conduire, peut être regardé comme un mot primitif, si l'on n'aime mieux le regarder comme un homologue du grec *agô*, qui dans cette langue a la même signification.

5°. Enfin, en dernière analyse, les lexicographes voient dans l'*ago* des Latins ou l'*egô* des Grecs, la racine *ag*, *ac*, pointe, en disant que la pointe est la forme de ce qui peut agir, avancer, pousser le plus facilement.

2°. *Souvenir.*

1°. *Souvenir*, comme nom, n'est que l'infinitif d'un verbe pris substantivement, dans un sens abstrait ou concret, suivant qu'il signifie retour de mémoire ou instrument propre à déterminer ce retour de mémoire.

2°. *Souvenir*, verbe, est une altération de *subvenir*, mais prise dans le sens restreint de ce qui *vient* subséquemment en fait de mémoire.

3°. *Subvenir* est la traduction du latin *subvenire*, venir en sous-œuvre, venir après, venir en second, seconder, etc.

4°. *subvenire*, est un composé de *sub* et de *venire*, représentant une idée composée des deux idées dont chacun des termes du composé est le signe.

5°. *Venire* est un verbe simple et non un composé de *versus nos ire*, ce que Vossius regarde avec raison comme absurde : nous penserions plutôt avec cet étymologiste que *venio* pourrait bien venir du grec *baïno*, de même signification, opinion adoptée du reste antérieurement par Caninius, Scaliger et Nunnesius, qui font remonter l'origine de ce verbe à un monosyllabe grec.

BUTET (de la Sarthe.)

ÉTYMOLOGIE

Du mot VAUDEVILLE.

Le mot *vaudeville* tire son origine du nom de *val dé Vire*, c'est-à-dire, de la vallée de la rivière de Vire, où, au 15e siècle, chantait si gaîment le foulon *Olivier Basselin*, qui passe pour l'inventeur de ce genre de poésie.

Il est incontestable que le vaudeville est d'origine normande (1). Il était bien naturel en effet qu'une province que Jean Le Chapelain peint ainsi, eût la gloire de cette invention :

> Usaige est en Normandie
> Que qui hébergiez est, qu'il die
> Fable ou chanson die (2) à son oste.
> *Fabliau de Segretain (Sacristain) de Clugni.*

Les Normands avaient tant de goût pour ce genre de chanson spirituelle et maligne que, dans les processions mêmes, ils ne pouvaient s'empêcher de chanter quelques refrains malicieux, tandis que le clergé reprenait haleine (3).

Il est également incontestable que le vaudeville eut d'abord le nom du lieu où il prit naissance, entre autres témoignages, ces vers de l'art poétique du Normand Vauquelin de la Fresnaye l'attestent :

> Chantant en nos festins ainsi les *vaux-de-vire*
> Qui, sentant le bon temps, nous font encore rire.

Il me semble que ce témoignage, ainsi que l'opinion généralement conservée et reçue dans le pays même de

---

(1) Quoi qu'en dise M. de Piis, dans un de ses charmants couplets:
> Ce fut vers l'an mil quatre cent,
> Sous le beau ciel de la Provence,
> Que le vaudeville plaisant
> Naquit du rire et de la danse.
> (*Note de l'éditeur.*)

(2) *Die* est sans doute une faute du copiste ; il doit y avoir *lie*, joyeux, du latin *lætus*, d'où *liesse*, joie, mot dont La Fontaine s'est servi, et qui se trouve dans *Notre-Dame de Liesse*.
> (*Note de l'éditeur*).

(3) Histoire littéraire de France, tome 7.

II.   4

Basselin, est bien suffisant pour détruire ce que dit *Paulmy* (1), qui conteste à ce foulon-poète l'invention du vaudeville. « J'aime bien mieux, dit-il, m'en rap-
» porter au titre de deux recueils de chansons fran-
» çaises, imprimés l'un à Lyon, en 1561, et l'autre à
» Paris, en 1576. Le premier, dont l'auteur est *Aleman Layolle*, a pour titre, *chansons et* VOIX DE VILLE ; le second est intitulé, *des plus belles et excellentes chansons en forme de* VOIX DE VILLE, *tirées de divers auteurs, par Jean Chardavoine* (2).

Que peut-on inférer de ces faits, sinon que le mot de vaudeville, déjà altéré de *vaudevire* par le change-ment très-fréquent de *r* en *l*, étant peu connu au-delà de la ville qu'habitait Basselin, a été changé tantôt en celui de *va de ville* (3), et tantôt en celui de *voix de ville* (4).

L'existence des *voix de ville* de Layolle et de ceux de Chardavoine à la fin du *seizième siècle*, est-elle donc

---

(1) Mélanges d'une grande bibliothèque, recueil T.

(2) Ce nom, selon M. Johanneau, vient du vieux français *eschars*, chiche, avare, et du mot *avoine* précédé de la préposition *d'* (chiche d'avoine). On a dit aussi *escharseté*, avarice. En an-glais *scarcity*, pénurie ; en italien on dit *scarso*, chiche, *scar-sella*, d'où le français *escarcelle*, espèce de bourse que les femmes pendaient à leur ceinture, et dans laquelle elles mettaient de petites pièces de monnaie pour faire l'aumône. l'*escarcelle* a sans doute eu d'abord le même usage que la *tire-lire*, l'*esquipot*, d'où les expressions *remplir l'escarcelle*, *vider l'escarcelle*.

(3) *Voy.* Cours de Gébelin au mot *vaudeville*.

(4) Cette espèce d'altération est très-commune. Lorsque le peuple ignore la signification et l'orthographe d'un mot, il le corrompt, le défigure, ou le change en un autre mot, à-peu-près de même prononciation, et qui lui est plus familier. Cette métamorphose se fait de deux manières. 1° Le mot remplaçant exprime une idée assez convenable à l'objet, comme dans la *morne*, pour la *morgue*, parce que c'est un lieu triste, *morne* ; un *clou à porte*, pour un *cloporte* ; un *jeu d'eau*, pour un *jet d'eau* ; on l'a enlevé comme un *corps sain*, pour un *cahorsain* (V. l'Aca-démie). 2° Le mot remplaçant n'a qu'un rapport de forme plus ou moins direct avec l'autre mot, n'exprime aucune modifica-tion qui lui soit applicable : c'est ainsi que le peuple dit *insensi-blement*, pour *incessamment* ; *digérer une maison*, pour *diriger une maison* : des *combustibles*, pour des *comestibles* ; une voix de *Cen-taure*, pour une voix de *Stentor* : des *bamboches*, pour des *babou-ches* ; *aigledon*, pour *édredon* ; *dernier a Dieu*, pour *denier à Dieu* ; une *tête* d'oreiller; pour une *taie* d'oreiller ; manger à sa *réflexion*, pour manger à sa *réfection* ; *la noble-épine*, pour *l'aube-épine* ;

incompatible avec celle des vaudevilles ou *vaudevires* de Basselin, qui leur est antérieure de plus d'un siècle?

Vauquelin de la Fresnaye, dans le poëme déjà cité, s'exprime ainsi :

Et les beaux *vaux-de-vire* et mille chansons belles ;
Mais les guerres, hélas ! les ont mises à fin ,
Si les bons chevaliers d'Olivier Basselin
N'en font à l'avenir ouïr quelques nouvelles.

Art poet. , liv. II.

Outre ce témoignage et celui de Jean Lehoux qui a publié une édition de Basselin , n'avons-nous pas le témoignage positif de *Bourgueville de Bras*, né à Caen, en 1504, peu de temps après la mort de *Basselin* , époque qui le mettait à portée d'être instruit avec exactitude de ce qu'il dit de l'inventeur du vaudeville (3).

« C'est le pays (de Vire), dit-il , d'où sont pro-
» cédés les chansons que l'on appelle *vaux-de-vire* ,
» comme ces deux :

Hélas ! Olivier Basselin..... etc.

En la duché de Normandie
Il y a si grand'pillerie , etc.

Enfin , à ces preuves nous pourrions ajouter beau-coup de témoignages rapportés par le nouvel éditeur de ce poète (4), et sur-tout par Ménage, qui a fait sur l'étymologie de *vaudeville* , un article assez étendu et fort intéressant.

Louis DUBOIS.

un *pain me serre*, pour un *spencer ; armé de pied en *quatre*, pour armé de pied-en-*cap ; écharpe*, pour *echarde ; tant* qu'à moi, pour *quant* à moi ; *fait* à mesure que, pour *a fur* et à mesure que ; sentir *le vent*, pour sentir *l'event ; sous* votre respect, pour *sauf* votre respect , qui ne vaut guere mieux , etc. , etc.   A. B.

(3) Recherches et antiquités de Neustrie , édition de 1588, page 56.

(4) Voyez le discours préliminaire sur la vie et les ouvrages de Basselin ; ce discours est en tête de l'édition nouvelle dont voici le titre : *Vaudevires* , poésies du 15e siècle , par Olivier Basselin. Vire , 1811.

ORTHOGRAPHE.

PLURIEL DES SUBSTANTIFS COMPOSÉS.

(*Deuxième article.*)

Dans mon premier article, p. 3, j'ai fait connaître les différentes espèces de substantifs, et j'ai adopté une règle générale pour les écrire au pluriel. Je vais dans celui-ci donner des développements à cette même règle, et en faire l'application à chacun des substantifs composés dont l'analyse est difficile.

1°. *Expressions composées de deux mots.*

Observation. Je crois devoir rappeler ici 1° que dans les substantifs composés, les seuls mots essentiellement invariables, sont *le verbe, la préposition* et *l'adverbe*, comme dans des *abat* vent, des *avant* coureurs, des *quasi*-délits. 2° Que selon le sens et selon les règles de notre orthographe, le substantif et l'adjectif se mettent au singulier ou au pluriel, comme dans des contre-*vent*, des contre-*amiraux*, un cure-*dents*, des *blanc*-manger, des *terre*-pleins, des *demi*-heures, des in-*douze*, des *quinze*-vingts, etc.

Expressions composées d'un substantif et d'un adjectif.

Cette classe comprend plus de cent expressions. Voici l'étymologie et l'analyse de celles qui présentent quelque difficulté.

1°. *Aigue-marine*, du latin *aqua marina*, eau *marine*, eau de mer. Plur. des *aigues-marines*.

2°. *Arc-boutant* (prononcez *ar boutan*), arc ou partie d'un arc qui appuie et soutient une muraille, comme on en voit aux côtés des grandes églises. Dans cette expression *boutant* est un participe actif pris adjectivement, qui vient de l'ancien verbe *bouter*, pousser; c'est comme si l'on disait un *arc poussant*, appuyant, supportant. Plur. des *arcs-boutants* (1).

(1) *Bouter* dérive de *pulsare* par les formes intermédiaires *pulser, poulser, pousser* (qui est usité). *boulseir, bouller, boter* et *bouter*; tous ces mots se trouvent dans nos anciens diction-

3°. *Bas-fond*, *fond* ou terrain bas, où il n'y a pas d'eau. En terme de marine, on donne ce nom à des endroits où la mer a peu de profondeur. Plur. *des bas-fonds*.

4°. *Bas-relief*. On appelle *relief* tout ce qui est relevé en bosse dans les ouvrages de sculpture, de poterie ou de fonte. Le *bas-relief* est un ouvrage de sculpture dans lequel ce qui est représenté a peu de saillie, a le *relief bas*. Plur. des *bas-reliefs*.

5°. *Basse-cour*, *cour-basse*; cette cour est ainsi nommée, dit M. Sallentin, dans l'*Improvisateur*, parce qu'elle est placée plus *bas* que la maison, la cuisine, le fournil, etc.; elle doit recevoir les eaux des égouts et des éviers, afin de nourrir le fumier qui s'y trouve.

On appelle aussi *basse-cour*, une cour séparée de la principale cour, et destinée pour les écuries, les équipages, etc. Plur. des *basses-cours*.

On suivra la même orthographe pour les expressions analogues, dont le premier mot est l'adjectif *basse*.

6°. *Beau-fils*, pour ce mot et ses analogues, voyez le Manuel à la page 174.

7°. *Blanc-seing*, papier où le *seing*, la signature est en *blanc*. Plur. des *blanc-seings*.

8°. *Blanc-bec*, terme dérisoire qui se dit d'un jeune homme sans expérience, sans barbe, qui, pour ainsi dire, a le *bec blanc*. Plur. des *blancs-becs*. Voyez n° 34.

9ª. *Blanc-manger*, espèce de *manger* délicieux et *blanc*: il y entre du *lait*, des amandes, et de la gelée faite du suc de fort bonnes viandes. Je n'ai jamais vu cette expression employée au pluriel; mais j'écrirais des *blanc-manger*: *manger* doit être invariable comme dans des *garde-manger*.

---

naires. *Bouter* a signifié pousser, mettre, d'où *débouter* (littéralement *démettre*), *botte* (terme d'escrime), en italien *botta*. Le verbe *bouter*, dans le sens de mettre, se trouve dans les expressions *boute-en-train*, *boute-tout-cuire*, *boute-feu*. Les mots français *bouton*, *boutoir*, *boutade*, *bouterolle*, sont de la même famille. En anglais on dit, to *push*, pousser, to *put*, mettre, to *butt*, pousser, heurter. En latin, à ce que rapporte Quintilien, on a dit *pulsare* et *pultare* dans le même sens.

10°. *Bon-chrétien*, espèce de poire excellente. Dans un des prochains cahiers, M. Johanneau donnera une dissertation sur l'origine de cette poire et sur l'étymologie de son nom: d'après son étymologie, on doit écrire au pluriel, des *bons-chrétiens*.

11°. *Branche-ursine*, surnom de l'acanthe, parce que cette plante est pour ainsi dire hérissée comme le poil de l'*ours*. On appelle *acanthacées* les plantes épineuses. *Ursine* vient de l'adjectif latin *ursinus*, dérivé d'*ursus*, ours. Plur. des *branches-ursines*.

12°. *Cent-suisse*. Je crois qu'on doit écrire avec une s un *cent-suisses*, un *quinze-vingts*, c'est-à-dire, un des *cent suisses*, un des *quinze vingts*, comme on écrit un *mille-pieds*, la *mille-graines*. Quant au mot *chevau-léger*, au singulier, et *chevau-légers*, au pluriel, l'usage est de l'écrire ainsi; c'est une expression consacrée, comme *franc*-maçonnerie, subst. fém. formé sur *franc-maçon* et *haute*-liceur, subst. masc. formé sur *haute-lice*. Dans ces deux dérivés, *franc* et *haute* sont invariables.

13°. *Chat-huant*, oiseau de nuit, ainsi nommé parce qu'il *hue*, ainsi que la *huette* et la *hulotte*, et à cause de la forme de sa tête qui ressemble à celle d'un *chat* (1). Plur. des *chats-huants*.

14°. *Chauve-souris*, oiseau qui ressemble à une *souris* et qui est *chauve*, c'est-à-dire, qui a des *ailes chauves*, sans plumes.

15°. *Courte-pointe*, espèce de couverture piquée. Comme on a dit *contre-pointe*, et qu'on dit encore *contre-pointer*, je croyais que *courte*, dans cette expression, était une altération de *contre*; mais il est évident que *courte-pointe* et *contre-pointe* viennent tous deux de *culcita-puncta*, couverture pointée, piquée. *Culcita* a éprouvé les altérations suivantes: *culcte*, *culte*, *coultre*, mots qui se trouvent dans le Glossaire de M. Roquefort; du dernier de ces mots (*coultre*) on a eu 1° *courte*, par le changement d'*l* en *r*; 2° *coutre*, d'où *contre* dans *contre-pointe*. Ainsi dans *courte-pointe*, *courte* est originaire-

(1) On a donné plusieurs étymologies de ce mot; celle-là m'a paru la plus raisonnable.

ment substantif, et *pointe*, pour *pointée*, est un adjectif; rien n'empêche donc que l'un et l'autre ne prennent la marque du pluriel ; on écrira des *courtes-pointes*.

16°. *Demi-heure* ; *demi*, placé avant son substantif, est invariable, une *demi-heure*. Plur. des *demi-heures*.

17°. *Epine-vinette*, petit arbre *épineux*, et dont le fruit a la forme d'une grappe de *vigne* ; de là son nom. On écrit au pluriel des *épines vinettes*. C'est par la même raison qu'on donne encore, dans certaines provinces de France, le nom de *vinette* à l'oseille, dont la fructification ressemble également à une petite grappe.

18°. *Franc-alleu*, se disait autrefois d'un *bien franc*, exempt de cens et de service personnel, d'un fonds de terre qui ne dépendait d'aucun fief; pluriel, *des francs-alleus*. Quant à l'étymologie du mot *alleu*, les opinions sont très-partagées ; mais je m'en tiens à celle que m'en a donnée M. Johanneau : il fait venir ce mot, qui s'est dit *aleud*, *alod*, en vieux français, *allodium* en bas latin, du celto-breton *al lod*, le lot, la portion, la part d'héritage, de bien patrimonial. On voit que c'est aussi de ce mot celto-breton que vient notre mot français *lot*, autrefois *lod*, d'où l'on dit encore *lods et ventes*. Ce mot, qui existe dans presque toutes les langues de l'Europe, est fort ancien ; c'est le même que le gothique *hlaut*, et le saxon *hlot*.

19°. *Garde-champêtre*. Ce mot ne présente aucune difficulté quant à l'adjectif, je ne le cite ici que pour faire observer en passant que si *garde*, en composition, a le sens de *gardien*, et qu'alors l'expression se dise d'une personne, il est substantif et prend la marque du pluriel, comme dans des *gardes*-champêtres, des *gardes*-forestiers, des *gardes*-marine, des *gardes*-côtes, des *gardes*-magasins, etc. ; mais quand l'expression se rapporte à une chose, comme dans *garde-vue*, le mot *garde* est verbe, et par conséquent invariable. (V. p. 52). Ainsi l'on écrit, des *garde*-vue, des *garde*-manger, des *garde*-fous, des *garde*-robes, etc.

20°. *Grand'mère*. Dans cette expression, le mot *grand* reste invariable, parce que la prononciation s'oppose au féminin pluriel, on ne dit point des *grandes-mères*. Pluriel, *grand'mères*.

21°. *Loup-cervier*, *loup* ainsi appelé parce qu'il se jette particulièrement sur le *cerf*. Le mot *cervier*, qui vient du latin *cervarius*, est adjectif de *cerf*. Plur. des *oups-cerviers*.

22°. *Loup-garou*, signifie littéralement *loup-homme*, ce qui sera prouvé par M. E. Johanneau dans une dissertation sur l'étymologie du mot *garou*, qui dans cette expression est pris adjectivement. Plur. des *loups-garous*.

23°. *Ortie-grièche*, *mauvaise ortie grise*. Voyez *pie-grièche*.

24°. *Pie-grièche*, littéralement, *mauvaise pie grise*. *Grièche* est un mot diminutif-dépréciatif de l'adjectif *grise*; c'est ainsi qu'on dit *flammèche*, *bravache*, *pouliche*, *caboche*, *soldatesque*, *fantasque*, *astérisque*, où l'on voit que *esque*, *èche*, *isque*, *iche*, etc., qui ne sont que des variétés de la même finale, réveillent une idée de *diminution* ou de *dépréciation*; c'est ainsi qu'en anglais on dit *blackish*, *noirâtre*. Dans une dissertation particulière M. E. Johanneau prouvera de même cette étymologie. Il faut écrire au pluriel, des *pies-grièches*, des *orties-grièches*.

25. *Pied-bot*, qui a le bout du pied rond, comme une boule. Le mot *bot*, qui n'est plus usité qu'en composition, existe encore en poitevin et en picard, dans le sens de *sabot*, et est une variation du français *botte*. C'est de ce mot que viennent *boiter*, *sabot*, *savate*; par conséquent *pied-bot* signifie *pied sabot*, *pied en sabot d'animal*; pluriel des *pieds-bots*. M. Johanneau, qui m'a donné cette étymologie, se propose de la prouver dans un autre numéro.

26°. *Pied-plat* ou *plat-pied* : « on appelle ainsi par mépris, dit M. l'abbé Tuet, un homme de basse naissance, et qui ne mérite aucune considération. Ce mot vient de ce que les paysans portent des souliers *plats* et presque sans talons. » Il paraît que cette locution s'est introduite dans le temps où les *grands et hauts souliers* étaient la marque distinctive de la noblesse, où l'on *était sur un* GRAND PIED dans le monde. V. p. 27. Pl. des *pieds-plats*.

27°. *Pied-poudreux* ou *va-nu-pieds*, homme vagabond, qui court çà-et-là, et sur lequel on ne peut compter. Il

ORTHOGRAPHE.

est ainsi appelé parce qu'il a le *pied poudreux*, couvert de poussière. Plur. des *pieds-poudreux*.

28°. *Plain-chant*, *chant plain*, uni, simple, ordinaire de l'église. Plur. des *plains-chants*.

29°. *Plate-forme*, couverture plate de maison, toit en terrasse dont la *forme* est *plate*. Plur. des *plates-formes*.

30°. *Pont - levis*, pont qui se *lève*. *Levis* est un substantif pris adjectivement, formé sur le verbe *lever*, comme de *laver*, *gâcher*, *couler*, on a fait *lavis*, *gâchis*, *coulis*.

31°. *Pont-neuf*, nom qu'on donne à de mauvaises chansons, telles que celles qui se chantaient sur le *Pont-Neuf*, à Paris. Pluriel, des *ponts-neufs*. Voyez *rouge-gorge*, n° 34.

32°. *Pot-pourri*, nom qu'on a d'abord donné à un ragoût qu'on fesait pour ainsi dire *pourrir* à force de cuisson, et qui était composé de diverses sortes de viandes assaisonnées et cuites ensemble avec différentes herbes. Ce salmigondis était servi sur la table dans le *pot* même où le tout avait cuit. Ce mot s'est dit ensuite d'un pot ou vase renfermant diverses sortes de fleurs et d'herbes odoriférantes, avec des clous de girofle, du sel et du vinaigre, pour parfumer une chambre, et enfin il se dit d'un livre, d'un écrit, d'un récit composé du ramas de plusieurs choses assemblées sans ordre, sans liaison et sans choix. Pluriel, des *pots-pourris*.

33°. *Quinze-vingts*. Voyez n° 12.

34°. *Rouge-gorge*. Fidèle au principe de décomposition que j'avais adopté, je voulais écrire sans *s* au pluriel, des *rouge-gorge*, c'est-à-dire, des *oiseaux* à gorge rouge, et, de la même manière, les noms analogues, tels que des *gorge-bleue*, des *gorge-nue*, des *huppe-noire*, des *long-nez*, des *nez-coupé*, des *grand-gosier*, des *gros-bec*, des *cordon-bleu*, des *cordon-rouge*, qui sont tous des noms d'oiseaux; et des *blanc-bec*, des *pied-plat*, des *pont-neuf*, etc.

Mais M. Lemare, un de nos meilleurs grammairiens, m'a fait observer que je m'égarais dans l'application du principe, qui est aussi le sien; et voici ce qu'il m'a écrit à ce sujet.

Observation sur le pluriel de quelques substantifs composés.

« On dit *cent voiles*, *cent feux*, pour *cent vaisseaux* ,
» *cent ménages ;* voilà de beaux *loutres,* pour signifier de
» beaux chapeaux faits avec du poil de la *loutre.* On
» s'exprime ainsi en vertu d'une figure de mots par
» laquelle on prend la partie pour le tout ; le fon-
» dement de cette figure est un rapport de connexion :
» l'idée d'une partie saillante, d'un tout, réveille facile-
» ment celle de ce tout ; et , dans ce cas , le nom em-
» ployé au pluriel, prend la marque du pluriel; on n'é-
» crirait point : voilà de beaux..... *loutre.* On écrira donc :

un *rouge-gorge*, des *rouges-gorges.*

un *coiffe-jaune,* des *coiffes-jaunes* , etc.

» parce qu'une partie remarquable dans le premier de
» ces oiseaux est une *gorge-rouge* , dans le second une
» *coiffe-jaune ;* mais comme l'idée d'*oiseau* prédomine
» toujours , on a dit un..... *rouge-gorge,* un..... *coiffe-*
» *jaune* , comme on a dit, un..... *loutre*, quoique *gorge* ,
» *coiffe* et *loutre* soient du féminin. Ainsi, la difficulté
» de ces sortes de mots est double , c'est tout-à-la-fois
» une difficulté de nombre et une de genre, mais toutes
» les deux s'expliquent par l'ellipse : *un loutre,* c'est *un*
» chapeau fait de la *loutre* , *un* chapeau..... *loutre*, *un.....*
» *loutre.* On a dit *un* oiseau qui a la *gorge-rouge*, *un*
» oiseau..... gorge rouge , un *rouge-gorge.*

On dira par la même raison :

un *blanc-bec*, des *blancs-becs.*

un *pont-neuf* des *ponts neufs,* (espèce de chanson).

» Mais ne croyez point trouver la même analogie dans
» un *blanc-signé* , un *blanc-seing,* car ici *blanc* n'est
» point un adjectif, un *blanc-signé,* c'est *un* papier *signé*
» en *blanc* , un..... *signé*..... *blanc* , un *blanc-signé* , dont
» le pluriel est BLANC-SIGNÉS.

» C'est d'après la même figure, que j'appelle *syntrope,*
» qui prend aussi le lieu pour la chose qui s'y fabrique,
» qu'on dit :

des *damas*, des *cachemires*,
des *nanquins*, des *cantals*,
des *louviers*, des *caudebecs*. etc.

» C'est encore d'après un syntrope, qui prend la cause
» pour l'effet, l'inventeur pour la chose inventée, le
» possesseur pour la chose possédée, qu'on dit :

un *Raphaël*, un *Calepin*,
une *dame-Jeanne*, un *messire-Jean*,
une *reine-Claude*, etc.

» expressions qui prendront la forme du pluriel : des
» *Raphaëls*, des *Calepins*, des *dames-Jeannes*, des *messires-*
» *Jeans*, des *reines-Claudes*, etc. »

35°. *Sage-femme*, *femme* qui, par son état, sa pro-
fession, doit être prudente, *sage*. Pluriel, des *sages-*
femmes.

36°. *Terre-plein*, endroit *plein* de *terre*, et présentant
une surface unie. Pluriel, des *terre-pleins*.

37°. *Ver-coquin*. Ce mot vient, selon M. Johanneau,
de *ver* (vermis) et de *coquin*, adjectif formé sur le substantif féminin *coque*, coquille ; c'est en effet le nom
d'une teigne ou *petit ver*, qui ronge le bourgeon de la
vigne et s'y *enveloppe* comme dans une *coque*. Cette étymologie est confirmée 1° par les noms latins *convolvulus*,
volucra, *volvox*, qu'on donne à ce ver, et qui viennent
de *volvere*, rouler en rond ; 2° par son autre nom français de *liset* ou *lisette*, qui est le même que celui de *liset*
ou *liseron*, nom d'une plante appelée également *con-*
volvulus en latin, parce qu'elle s'*entortille*, se *roule autour*
des corps qui l'avoisinent ; 3° par le nom de *coucou* ou
cocon, donné à la *coque* du ver à soie. C'est aussi le nom
d'une espèce de ver qui, dit-on, s'engendre dans la tête
de certains animaux et même des hommes, comme dans
une coquille également, et qui leur cause des vertiges ;
de là ce mot a été pris au figuré pour *vertige*, *caprice*,
fantaisie, on dit : il lui a pris un *ver-coquin*, pour dire
un caprice, une fantaisie qui lui roule dans la tête,
comme si un caprice était causé par un ver rongeur
logé dans la tête. Pluriel, des *vers-coquins*.

Telles sont les expressions de la première classe, qui
m'ont paru présenter quelque difficulté. quant à l'étymologie ou quant à la décomposition. On a dû remar-

quer que je ne me suis point piqué de donner une définition élégante ou exacte de ces sortes d'expressions : j'ai
seulement cherché à faire reparaître dans la décomposition chacun des mots composants.

Les autres expressions de la même classe n'offrent
aucune difficulté, soit parce que le sens ne s'oppose
point au pluriel, comme dans des *loups-marins*, des
vers-luisants, etc., soit parce que l'expression ne peut
s'employer qu'au singulier, comme *haut-mal*, *faim-
valle*, *sang-froid*, etc.

Le peu de place qui me reste m'oblige à remettre à
un troisième article la fin de cette dissertation.

                                        A. B.

P. S. Je suis vraiment honteux de n'avoir pas encore
terminé l'article sur *se plaindre que*, d'avoir laissé sans
réponse la suite de la lettre de M. Jacquemard, et sur-
tout d'avoir interrompu mon travail sur l'orthographe ;
c'est par là que je commencerai le prochain numéro.

CORRESPONDANCE.

Paris, ce 30 août 1814.

Monsieur,

Comme votre obligeance et plus encore vos lumières
me sont bien connues, je prends la liberté de soumettre
à votre jugement un point de grammaire qui fait aujourd'hui l'objet de toutes les discussions dans le quar-
tier Latin.

M. Petit-Jean, mon chapelier, rue de la Vieille-
Bouclerie, au bas de la rue Saint-Michel, a fait mettre
sur sa porte une belle enseigne portant ses titres.

Ils sont ainsi exposés :

PETIT-JEAN,

*Chapelier de LL. AA. SS. Messeigneurs les prince de Condé
et duc de Bourbon.*

Tous les voisins de M. Petit-Jean sont déchaînés

contre lui : il a reçu des lettres anonymes dans lesquelles on l'engage à retourner à l'école, puisqu'il connaît si mal sa langue. Comment, disent-ils, ne pas savoir faire accorder les nombres entre eux ! Je vous en prie, Monsieur, dissipez nos doutes, et veuillez bien nous dire quelle doit être, en ce cas, l'orthographe du mot *Prince*. Pour la part du bon chapelier, je vous assure que ce sera lui ôter de dessus la conscience un poids de cent livres.

J'ai l'honneur de vous saluer,

L******

RÉPONSE.

Monsieur,

Les voisins du chapelier Petit-Jean sont eux-mêmes coupables de la faute d'orthographe qu'ils lui reprochent, et c'est à eux de retourner à l'école.

Prince et *Duc* doivent être au singulier, puisqu'on ne veut parler que du Prince de Condé et du Duc de Bourbon. L'un de ces voisins-là, qui par son état doit être un savant en *us*, dirait-il par exemple : *M. Petit-Jean, chapelier de MM. les* GÉNÉRAUX R***, *et* Colonel D***. — Non sans doute. Il faut donc que prince, ainsi que général, soit au singulier. Mais s'ensuit-il qu'il faille dire : *messieurs les général* R*** *et colonel* D***. Ceci est une autre question. L'article, ou adjectif déterminatif *les* présente une faute de syntaxe, mais une faute bien pardonnable à un chapelier puisqu'il en est échappé de semblables à nos meilleurs auteurs. Quand on veut parler de différentes personnes, de différentes choses, chacun des substantifs doit être *modifié* et *déterminé* par *l'adjectif déterminatif*, appelé ordinairement article ; il faut dire : le *Prince et le Roi*, le *Prince de Condé et le Duc de Bourbon*, et non le *Prince et Roi* ou les *Prince et Roi*, ni par conséquent le *Prince de Condé et Duc de Bourbon*, ou les *Prince de Condé et Duc de Bourbon*, comme le dit M. Petit-Jean, ainsi que tant d'autres. Le sens même s'oppose à toute autre construction.

Cette question m'en rappelle une qui fut agitée dans une réunion de gens-de-lettres. Il s'agissait de savoir si l'on doit dire au singulier ou au pluriel, *le premier et le second* ACTE. Les uns étaient pour le pluriel, puisqu'il y avait deux actes; les autres, en bien plus petit nombre, disaient, sans doute d'après Domergue, « le substantif fait bien la loi à l'adjectif, mais il ne la reçoit jamais. L'adjectif n'a ni genre ni nombre par lui-même, il ne fait que suivre l'impression du mot auquel il est joint, et tous les adjectifs ensemble ne pourraient forcer un substantif singulier à devenir pluriel; c'est pourquoi il faut dire : le premier et le second *acte*, l'un et l'autre *acte*. »

Dans ce cas, dit un de ceux-ci, il y a ellipse du substantif *acte* après *le premier*, *l'un*. Grande rumeur! Ces Messieurs soutenaient *mordicus* chacun leur opinion, et commençaient à s'échauffer, lorsque le maître du logis, homme de sens, leur dit : hé Messieurs, faut-il tant disputer pour si peu de chose! Je ne suis pas grammairien, et cependant je vais vous mettre tous d'accord : moi, je vous prends par les oreilles, et jugez. direz-vous : *le premier et le second* CHEVAUX, *l'un et l'autre* GÉNÉRAUX. Ces mots furent un trait de lumière pour les partisans du pluriel, et firent plus d'effet sur eux que le raisonnement concluant de leur partie adverse.

J'ai l'honneur de vous saluer,

A. B.

Nota. Si quelques-uns des voisins de M. Petit-Jean désirent retourner à l'école pour prendre des leçons d'orthographe, je leur conseille amicalement de ne s'adresser ni à ce grammairien célèbre qui annonce, dans ses affiches, *un cours où l'on y enseigne l'orthographe*, *l'arithmétique, etc.*, ni à celui dont l'adresse porte, en titre : *Participes et ponctuation enseignés à écrire en une heure.*

PRONONCIATION.

DEUXIÈME ARTICLE

Sur la prononciation des sons nasals à la fin des mots, et avant les voyelles initiales des mots suivants. (V. p. 25).

Si, comme nous l'avons dit, il n'est pas possible de considérer les sons nasals autrement que comme des sons simples, et si les inconvénients de leur position avant d'autres sons simples peuvent être sauvés par une bonne et juste prononciation, que devient le système de ceux qui, dans la récitation publique, les lient indistinctement et sans restriction ? N'est-ce pas méconnaître les premières lois de la prononciation des sons élémentaires dont la propriété fondamentale est de rester indivisibles, et dont l'énonciation ne peut être correcte qu'autant qu'ils reçoivent une pulsation de voix individuelle et indépendante des sons environnants ? Il faut en convenir, les idées sont bien peu fixées à cet égard, et nous sommes encore bien loin de cette rectitude de diction qui semblerait devoir appartenir à la langue d'un peuple aussi éclairé que l'est le peuple français. Parcourez les écoles publiques, les tribunaux, les cercles littéraires, et vous y entendrez un renversement de principes, quant à l'emploi des sons nasals, dont les oreilles les plus indulgentes devraient être fatiguées à l'excès. A Athènes, on sifflait un orateur pour une fausse inflexion ; et parmi nous, les fautes les plus grossières de prononciation sont à peine senties. Un orateur peut impunément s'y faire entendre avec le langage le plus vicieux ; quelquefois même il reçoit des louanges et des applaudissements, quand l'indignation des auditeurs devrait le renvoyer aux éléments de l'art de parler en public. Est-il étonnant que nous en soyons à ce point de dégradation ? nous sommes tous complices des fautes contre lesquelles je m'élève ici. Rien n'est plus généralement méconnu et moins étudié que les lois relatives à la prononciation des sons nasals. Notre premier théâtre même donne à cet égard l'exemple des erreurs les plus graves. Je rends sans doute sincèrement justice à la beauté de la diction des premiers acteurs de la scène française, et j'applaudis à l'opinion qui, sous ce rapport les fait considérer comme des modèles ; mais à l'égard du sujet que je traite ici, il s'en faut bien qu'il y ait de leur part une exactitude parfaite : j'ai même lieu de penser qu'ils n'ont sur cet objet aucun système reçu et convenu de prononciation. J'ai entendu au Théâtre-Français des liaisons nasales incontestablement vicieuses ; j'y ai entendu dire : *une mai-n'avide*, pour *une main... avide* ; *un frei-n'insupportable*, pour *frein... insupportable* ; *une occasio-n'imprévue*, pour *une occasion... im-*

préoue, etc. Souvent, j'ai vu deux interlocuteurs avoir, dans le cas d'une même liaison, un système particulier de prononciation, et quelquefois le même acteur se contredire à peu de distance dans l'emploi des mêmes sons nasals. Entendez dans *Athalie* Mlle R*** réciter ce vers :

Prêtez-moi *l'un et l'autre* une oreille attentive,

sa prononciation est parfaitement régulière en disant : *l'un et l'autre* : mais cette célèbre actrice, si digne de servir de modèle, est la seule qui récite ainsi ce vers. J'ai entendu dernièrement une débutante, sortant du conservatoire, dire : *l'u-n'est l'autre*; ce qui est souverainement vicieux. Que signifie cette versalité de diction, tantôt bonne, tantôt mauvaise ? Sinon une incertitude, ou plutôt une ignorance de principes qui ne devrait point se trouver dans cette école de goût et de prononciation exacte.

Mais, il est du moins, dit-on, des sons nasals qui doivent se lier. Oui, sans doute ; le génie de la prononciation française l'a voulu ainsi : et c'est ici que l'étude des principes de notre langue devient nécessaire sous deux rapports : il s'agit de savoir premièrement à quelles conditions et par quelles lois doivent s'exécuter la liaison des sons nasals, et en second lieu, quels sont ceux qui deviennent susceptibles ou non de se lier.

La discussion de la première question au **numéro** prochain.

DUBROCA.

ANECDOTES.

Un officier général répondit à quelqu'un qui lui dit qu'une place était *indéfensable :* Monsieur, prenez garde, ce mot n'est pas français.

Ce gigot est *incuit*, disait à son hôte un homme qui fesait le beau parleur: Monsieur, répondit l'hôte, c'est par l'*insoin* de la cuisinière.

Le mot de l'énigme insérée dans le dernier numéro, est *accent circonflexe.*

MANUEL

DES AMATEURS

DE LA LANGUE FRANÇAISE.

~~~~~~

OBSERVATIONS.

Vienne, 17 novembre 1814.

Monsieur et ami,

Ce n'est que depuis quelques jours que j'ai reçu le
1er numéro de la deuxième année de votre Manuel; je
l'ai lu avec l'attention qu'il mérite, et l'intérêt qu'il doit
inspirer à tout amateur de la langue française. Per-
mettez-moi de soumettre à vos lumières les réflexions
qu'il m'a suggérées; peut-être quelques-unes vous pa-
raîtront-elles dignes d'être insérées dans votre ouvrage,
et de me conserver le titre de votre collaborateur.

Vous trouverez sans doute que c'est être trop mi-
nutieux que de vouloir réfuter l'épigraphe; je n'en dirai
pas moins mon avis, sauf à vous de le regarder comme
non avenu. Je ne sais dans quelle circonstance Girard
a dit : *continuons notre plan*; mais il me semble que
l'expression n'est pas juste, ou du moins que l'application n'en est pas heureuse. Le plan d'un ouvrage
doit être terminé avant que l'ouvrage même soit commencé; c'est ainsi qu'avant de publier votre Manuel
vous en avez exposé le plan dans un prospectus : ce
plan, parfaitement développé, est achevé; il ne s'agit
plus de le *continuer*, mais de le *suivre*.

Après avoir rompu une lance avec vous, Monsieur,
je vais m'attaquer à M. Bescher, mais seulement pour
défendre Delille. Les grammairiens, qu'on soupçonne
d'être peu sensibles aux beautés de la poésie, et qu'on
accuse en conséquence d'être trop sévères envers les
poètes, doivent mettre beaucoup de circonspection
dans leurs critiques; il leur faut des raisons bien fortes

II.   5

pour oser lutter contre les poètes, qui savent s'emparer du cœur et de l'imagination.

Je crois que non-seulement ce vers :

Couronne ses vaisseaux triomphants dans le port

est correct, quant à l'orthographe, mais encore qu'il ne pèche pas contre les règles de la versification (v. p. 14).

Pourquoi *dans le port* ne serait-il pas le complément de *triomphants* ? Si les vaisseaux *entrent triomphants*, cessent-ils d'être triomphants aussitôt qu'ils sont entrés? Pourquoi les vaisseaux ne seraient-ils pas *triomphants dans le port*, comme les matelots sont *joyeux dans les vaisseaux* ? Enfin pourquoi *triomphants*, pris adjectivement, n'aurait-il pas un complément, comme tant d'autres adjectifs? M. Bescher veut que *dans le port* se rapporte à *couronne* ; mais si le nocher *couronne ses vaisseaux dans le port*, ce couronnement fera-t-il cesser leur triomphe? N'en sera-t-il pas plutôt la continuation? et ne s'ensuivra-t-il pas que les vaisseaux *couronnés dans le port*, seront aussi *triomphants dans le port*? Ce dernier point de vue me paraît même plus poétique ; car le triomphe serait bien court s'il se bornait à l'instant précis de l'entrée dans le port. Si j'ai prouvé que le complément *dans le port* convient parfaitement à l'adjectif *triomphant*, il faut en conclure que le vers est correct, car on doit, qu'on peut, qu'on doit même laisser un petit repos entre le substantif et l'adjectif qui le suit, lorsque celui-ci est accompagné d'un complément ; c'est ainsi qu'en parlant d'un bon père, qui vient d'assurer le bonheur des êtres qui seuls l'attachent à la vie, un de nos poètes a dit :

Désormais sans la craindre il attendra la mort ,
Puisqu'il voit ses *enfants satisfaits de leur sort.*

Actuellement c'est M. Bescher que je veux défendre contre lui-même.

Après avoir dit trop modestement (p. 338, 1re année): « Il serait à désirer que cette difficulté fût éclaircie par une plume plus exercée que *la mienne*; » il se corrige (p. 17, 2e année) en disant plus exercée *que moi.*

Je n'ignore pas que Wailly, d'après Bouhours, a dit qu'on ne doit pas faire rapporter *le mien*, *le tien*, etc. à des substantifs de choses, comme *ame*, *bel esprit*, *plume*, *épée*, quand ces substantifs *tiennent lieu des personnes elles-mêmes.* Il cite pour exemple : *il n'y a pas*

de meilleure plume que LUI, *il n'y a pas de meilleure épée
que* VOUS, et fait remarquer judicieusement que si l'on
employait, *la sienne, la vôtre*, il y aurait équivoque, et
que cela pourrait signifier *une plume mieux taillée, une
épée de meilleure trempe.*

Au risque de passer pour *puriste*, j'avouerai que ces
comparaisons disparates ne me plaisant point, je dirais
bien, *c'est la meilleure épée, la meilleure clarinette de
Paris* ; mais je ne dirais pas, *il est meilleure épée, meilleure clarinette que* MOI, ni *il n'y a pas de meilleure épée,
de meilleure clarinette que* VOUS ; et quand bien même
on voudrait admettre ces tours, je n'en serais pas moins
d'avis que la règle de Wailly devrait être restreinte aux
seuls cas où il pourrait y avoir équivoque ; car il me
paraît qu'on dirait très-bien : *Il n'y a pas de plus belle
ame que la* SIENNE, *de plus bel esprit, d'esprit plus étendu
que le* SIEN. Si ce que je viens de dire est juste, on pourra,
on devra même dire: *Il faudrait une plume plus exercée
que la* MIENNE ; car il n'y a pas d'équivoque à craindre,
puisqu'une *plume exercée* ne peut jamais signifier autre
chose qu'un *écrivain exercé.*

Je passe à l'excellent article sur la synonymie des
mots *analyse* et *extrait*. M. Butet commence par dire :
« Nous ne parlerons de la synonymie de ces mots que
sous le rapport de leur signification commune d'*abrégé.* »
Il me paraît qu'il eût été naturel de faire entrer ce dernier mot dans les explications suivantes ; je vais essayer
de suppléer à cette omission.

Un *abrégé* est un véritable ouvrage, composé d'a-
près un autre plus étendu, dont on néglige les parties
les moins importantes pour réunir les principales par
des transitions rapides. C'est un colosse vu de loin ;
les masses vous frappent, mais les détails vous échap-
pent, quoique vous reconnaissiez bien la juste propor-
tion et l'ordonnance de l'ensemble. Si je devais carac-
tériser les deux autres mots qui nous occupent, je dirais que l'*analyse* est un *squelette*, et l'*extrait* une *dis-
section.*

J'ajoute en outre que le *sommaire* est une *analyse
partielle*, et l'*argument* un *abrégé partiel*. Le mot *épi-
tome*, qui est peu usité, désigne un *abrégé très-succinct.*

Enfin cet article ne serait pas complet, s'il ne fesait
mention du *précis*, qui est aussi une espèce d'*abrégé,*
mais avec cette différence que le *précis* est un *ouvrage*

original, dans lequel on expose rapidement une série de faits. Voilà le complément que je crois nécessaire d'ajouter à la synonymie des mots *analyse* et *extrait.*

Maintenant, avant de connaître la conclusion de l'intéressante dissertation de M. Dubroca sur les sons nasals, je veux vous communiquer mes idées sur le même sujet.

Je dois commencer par avouer que ne m'étant jamais beaucoup occupé de la théorie des sons, je crains que mon opinion ne soit mal fondée ; je ne veux cependant pas la taire, parce que je sais qu'un mauvais avis en fait souvent naître un meilleur, et que c'est ainsi qu'on arrive à la connaissance de la vérité.

La difficulté consiste à savoir comment on doit prononcer les *sons nasals*, lorsqu'ils se rencontrent avec d'autres voyelles ; et si, dans ce cas, ils forment *nécessairement* un *bâillement*, ce que je ne crois pas.

Si les sons nasals sont *simples*, comme cela est incontestable, ils doivent toujours être invariables, c'est-à-dire, qu'ils ne doivent jamais être dénasalés, car ils seraient dénaturés ; il me semble donc que M. Domergue avait tort de vouloir faire prononcer *u-nami*, *a-norgueillir*, car il faudrait dire aussi *une mai-nadorée*, il est *a-nhorreur*, ce qui paraîtrait tout-à-fait ridicule : le petit G de l'abbé Dangeau l'est au moins autant, pour ne pas dire plus.

Comment, faudra-t-il donc prononcer ? Avant de proposer un avis contraire à celui de plusieurs hommes du plus grand mérite, qu'on me permette de prendre toutes les précautions nécessaires pour qu'il soit reçu le moins mal possible.

Personne ne niera, je pense, que nous avons des lettres qui servent à-la-fois à empêcher les hiatus et à modifier les voyelles ; en effet, s et T, qui sont purement euphoniques dans *donnes-en*, *aima-t-il*, puisqu'on écrit *donne*, *il aima*, modifient la voyelle E dans *mes*, *billet.* D'un autre côté, si ces derniers mots viennent à être suivis d'un mot commençant par une voyelle, les lettres s et T font alors une double fonction, c'est-à-dire, qu'elles modifient les voyelles et qu'elles sont en même-temps euphoniques ; ainsi l'on prononce *mes amis*, *billet amoureux*, comme si l'on écrivait *mes-z-amis*, *billet-t-amoureux.* Qu'on ne dise pas que l's et le T se détachent du mot précédent pour s'unir au suivant, car il faudrait alors prononcer *me-zamis*, *bille-tamoureux*.

Mais si les lettres s et t, tout en modifiant les voyelles, servent encore de lettres euphoniques, pourquoi l'n n'aurait-elle pas le même privilége? Pourquoi ne dirait-on pas, *un-ami*, *en-norgueillir*, une *main-nadorée*, il est *en-nhorreur?* On y trouverait même l'avantage de distinguer les genres par la prononciation, et l'on ne confondrait pas en parlant, *un-nami* avec *u-n'amie*. Tel est l'avis que j'ose à peine énoncer, quoiqu'il me paraisse assez conforme à l'usage général.

Enfin, Monsieur, je finirai par vous adresser un petit reproche à vous-même, c'est de n'avoir pas fait connaître M. Ledru (de Senlis) pour l'auteur de l'énigme qui termine votre numéro.

Veuillez agréer les assurances de mon attachement.

A. G. BALLIN.

Nota. Pour la réponse à cette objection sur les sons nasals, (*V. p.* 95.)

SYNTAXE.

§. Ier.

RÉPONSE

A quelques-unes des questions proposées par M. Jacquemard.
(Iere année, pag. 252.)

4° Le participe est-il bien écrit dans la phrase suivante?

« *Les nouveaux systèmes se sont* succédés. »

Réponse. Succéder, ainsi que *plaire*, *nuire*, etc., ne se construit jamais avec un régime direct : on dit *succéder à quelqu'un*. Le pronom *se*, dans la phrase ci-dessus, est donc pour *à soi* ; et par conséquent, d'après la règle établie, le participe *succédé* doit être invariable. Cette faute est très-fréquente, sur-tout dans la plupart des journaux. Voyez, pag. 179 et 245, ce que j'ai dit sur le participe *plu*.

5° « La justice de l'histoire doit s'exercer comme » celle des lois : l'une doit juger, comme l'autre doit » punir, *sans colère* et sans passion. »

LAHARPE.

M. Jacquemard trouve une faute dans ce passage
de Laharpe : « Est-ce que la colère, dit-il, n'est pas
» une passion ? Dirait-on : je me suis brûlé la *main*
» et le *pouce*, le *visage* et le *nez*. A-t-on jamais dû
» additionner un tout et ses parties ? Je ne le pense
» pas, et j'appuie pour la suppression de *sans co-*
» *lère*, etc. »

Je crois qu'ici M. Jacquemard est dans l'erreur
sur l'acception que Laharpe donne au mot *passion*.
Nous disons qu'un homme a la *passion* des tableaux,
des médailles, etc.; dans cette manière de parler, ce
mot signifie *affection violente pour* une chose, *attache-*
ment à une chose de préférence à toute autre ; de ce
sens se déduit naturellement celui de *préférence*, de
partialité, d'où l'on dit : Il parle avec *passion*, je vous
en parle sans *passion*, on doit juger sans *passion*. Je
suis donc très-porté à croire que c'est dans ce dernier sens que Laharpe a employé le mot *passion*, et
que la fin de sa phrase signifie : sans colère (contre
la partie adverse) et sans passion ou partialité (pour
celle dont on prend la défense.)

7°. L'Académie a-t-elle eu raison d'écrire : « Ils s'é-
taient *persuadés* qu'on n'oserait les contredire. ».

M. Ledru, qui m'a fait part de ses réflexions sur
l'orthographe de cette phrase, veut qu'on écrive *per-*
suade au singulier, parce que, dit-il, on persuade
à soi quelque chose. *Se* est donc dans cette phrase
un complément indirect, de même que dans *s'ima-*
giner, *se figurer que*, *etc*. Mlle Vauvilliers, ajoute-t-il,
a résolu ainsi une question tout-à-fait semblable, à
la page 254 de sa grammaire. Voici la phrase qu'elle
cite : « Elle s'est *persuadé* que je partais pour Saint-
Domingue. »

Elle a persuadé.......... quoi ? *que je* partais pour
Saint-Domingue.

Se (à elle) régime indirect.

Je me permettrai de faire observer que M. Ledru
et Mlle Vauvilliers n'ont point fait attention que les
verbes *s'imaginer*, *se figurer*, sont toujours suivis d'un
régime direct ; qu'on dit, selon le sens, se persuader *de quelque chose* et se persuader *quelque chose*,
et que par conséquent ce dernier verbe n'est pas en
parfaite analogie avec les deux autres.

Le mot *que*, qui suit le verbe, n'est point,

dira-t-on, un régime indirect, puisque dans la décomposition de la phrase on le traduit par *ceci* : Ils
s'étaient persuadé *ceci* : on n'oserait les contredire.

C'est à tort qu'on regarde le mot *que* comme étant
toujours régime direct : il se traduit par *à quoi*, dans

> *Que* me servent ces richesses ?

par *à ceci*, dans

> Je m'attends *qu'*il viendra :

par *de ceci*, dans

> Je suis assuré *qu'*il viendra.

D'où la phrase de l'Académie peut se décomposer par,

> Ils s'étaient persuadés *de ceci* : on n'oserait, etc.
> Ils s'étaient persuadé *ceci* : on n'oserait, etc.

puisque l'usage admet *persuader quelqu'un de quelque
chose*, et *persuader quelque chose à quelqu'un* :

> « Je *l'*ai persuadé *de* la nécessité de faire telle chose. »
>   *Académie.*

« Persuader *une vérité à quelqu'un.* »   (*Idem.*)

« Il faut pourtant, sans presser les enfants, tourner
doucement le premier usage de leur raison à connaître Dieu. Persuadez-*les des vérités* chrétiennes, sans
leur donner des sujets de doute. »   FÉNÉLON.

» Il leur fallait de terribles discours pour *leur* persuader une pareille vérité. »   FONTENELLE.

L'Académie, d'après l'usage, regardant le pronom *se* comme régime direct, et le *que* comme régime indirect, a donc pu faire accorder le participe.
Cependant Féraud, qui admet les deux constructions,
rejette le régime direct de la personne quand le verbe
persuader est suivi de *que* ; il blâme, par exemple, la
phrase suivante :

« Ces deux traités ne firent que persuader *les deux
rois que* la guerre était indispensable. »

J'avouerai que je n'en ai point encore trouvé d'exemple : Vertot, J. J. Rousseau, Fénélon, font usage du
régime indirect.

Marmontel, dans sa grammaire, écrit :

« Elle s'est *persuadé* que, etc.

Et décompose *se* par *à soi.*

M. Maugard, qui suit l'opinion de Marmontel,

attribue au compositeur l'accord du participe *persuadé*, dans cette phrase du feuilleton du Journal des Débats.

« Mlle Contat s'est *persuadée* que le rôle de la femme jalouse lui convenait » (10 mai 1804).

Il fallait , dit-il , écrire *persuadé* , parce qu'elle a persuadé à elle une chose qui est que , etc.

Enfin M. Bourson , auteur d'un excellent traité de participes , dit : « que le participe suivi d'un *que* peut » s'accorder , si toutefois les règles l'exigent , lorsque » devant le *que* on peut sous-entendre *de ce* ou *à ce*. » On accordera dans , *jamais ils ne se seraient doutés que; » apperçus que , attendus que , convaincus que* , etc. » (1).

« Le verbe pronominal *se persuader* , dit M. Bourson, » est susceptible d'une double analyse ; on dit : *per-* » *suader quelqu'un d'une chose* : c'est le convaincre ; on » dit : *persuader quelque chose à quelqu'un* : *c'est faire* » *croire.*

» Lorsque *persuader* est suivi d'un *que* , il faut bien » examiner sous quel sens il est préférable de le prendre, » puisque l'on peut dire *se persuader d'une chose* et *se* » *persuader une chose.* » Je crois qu'on ferait bien d'écrire : *La folle s'est imaginé que je la trompais ; elle s'est mis en tête , elle s'est persuadé que j'étais infidèle.*

(Ordre direct) *la folle a imaginé ceci* (que je la trompais). *Elle a mis ceci en tête à elle; elle a persuadé ceci à elle* (que j'étais infidèle).

Malgré ces autorités , je persiste à justifier la phrase de l'Académie, puisqu'en résultat il est certain que *se persuader que*, peut se décomposer de deux manières.

Au reste , cette orthographe a été adoptée par plusieurs auteurs, comme le prouvent les exemples suivants :

---

(1) M. Bourson fait cette observation à l'occasion d'une mauvaise règle donnée par M. C**** , qui dit : *lorsque le participe est suivi de que , il est toujours indéclinable.* Voilà les règles que vous donnent ces grammatistes , ennemis de la raison et de l'analyse. Messieurs ! s'écria un jour un de ces excellents grammairiens en entrant dans sa classe , je vais vous donner aujourd'hui deux règles merveilleuses , l'une sur la ponctuation , et l'autre sur les participes. Les voici : *Point de métaphysique*, je vous avertis :
1° Avant la conjonction *mais* , *toujours* un *point-virgule*.
2° Le participe précédé de *que de* est *toujours* variable.

« Permettez pourtant que je vous désabuse , si vous vous êtes *persuadés* que ce grand prince , en m'accordant cette grace , ait cru rencontrer en moi un écrivain capable de soutenir en quelque sorte , par la beauté du style et par la magnificence des paroles, la grandeur de ses exploits. »

BOILEAU , *Remerc. à MM. de l'Acad.*

« Ils se sont *persuadés* que cela seul suffit. »

BUFFON , *Man. de traiter l'Hist. nat.*

« Ils s'étaient *persuadés* qu'il ne naissait des soldats qu'en France.   GARNIER , *Hist. de France.*

M. Domergue , dans les procès-verbaux de l'Académie grammaticale, a déterminé la différence qu'il y a entre *persuader quelque chose à quelqu'un* et *persuader quelqu'un de quelque chose.* Comme j'ai entre les mains une copie de ces procès-verbaux, j'en détacherai de temps en temps quelques articles intéressants, pour en faire jouir mes lecteurs. Je commence par la synonymie dont je viens de parler. (*Voy.* p. 88.)

8° Doit-on écrire , comme je le crois :

« Les chevaux qu'on a *envoyés* panser ; » c'est-à-dire *au pansement*, au maréchal.

M. Ledru (de Senlis) , répond à cette question de la manière suivante :

« Si l'on veut exprimer que les chevaux ne sont pas sortis de l'écurie, qu'on a *envoyé quelqu'un* pour les panser , la phrase est bonne ; mais il faut *envoyé* au singulier. »

« Les chevaux qu'on a *envoyé* panser ; c'est-à-dire , on a *envoyé* (quelqu'un) pour panser les chevaux. »

Cette phrase est analogue à celle-ci :

« Les bouteilles que j'ai *envoyé* chercher. »

Si , au contraire , on veut signifier que les *chevaux* sont sortis de l'écurie, qu'on les a *envoyés* au maréchal pour qu'il les pansât, la phrase est mauvaise ; il faut dire :

« Les chevaux qu'on a *envoyés* à panser (1), et non

_____

(1) C'est dans le même sens qu'on dit : *envoyer une pendule à raccommoder ;* envoyer ou donner *des livres à relier, etc.* , et *la pendule que j'ai envoyée* à raccommoder ; les livres que j'ai *envoyés* ou *donnés* à relier.

les chevaux qu'on a *envoyés* panser, ce qui signifierait que les chevaux font l'action de *panser*.

On dira bien : les chevaux qu'on a *envoyés* paître, parce que *paître*, est ici employé sans régime direct, et que les *chevaux* sont le sujet de ce verbe à l'infinitif, ce qui est conforme à la règle donnée par la plupart des grammairiens.

9° « Vous pleurez..... ah ! je vois que mon frère *ou* ma sœur *est morte* ; que mon frère est mort ou ma sœur ; l'un des deux, mon frère ou ma sœur, se meurt. »

Ces trois tours, dit M. Jacquemard, ont quelque chose de forcé ou de traînant.

Comment arranger la phrase ?

Réponse. De ces trois tours, le premier me semble préférable : Il y a ellipse du verbe après *mon frère*, c'est pourquoi l'accord se fait avec le second substantif. C'est ainsi qu'on dirait : Quel homme ou *quelle femme* avez-vous *rencontrée* ? Mais dans la phrase suivante, *quelle que soit sa fortune ou son rang*, l'accord se fait avec le premier substantif, parce que le verbe, précédé de *quel que*, est sous-entendu avant le second ; c'est comme s'il y avait quelle que soit sa fortune ou (quel que soit) son rang.

Dans un des prochains numéros on répondra aux autres questions.

A. B.

§. II.

LETTRE DE M. BUTET A M. BONIFACE

sur le genre du mot GENS.

Monsieur,

Je me suis trouvé dernièrement avec d'*excellentes* gens ; je ne dirai pas *tous*, mais pour la plupart bons grammairiens, et non de ces *certains petits* gens-de-lettres qu'on peut regarder comme de *sottes* gens. *Un* de ces *excellentes* gens demandait de quel genre est définitivement le mot GENS. Quoiqu'*instruits* dans l'art de l'analyse, *tous* ces gens étaient *partagés* ; et dans ce conflit d'opinions, *toutes* les *bonnes* gens et *tous* les braves gens qui écoutaient, ne savaient quel parti prendre. Cependant quelques-*uns* de ces *dernières* gens disaient aussi

leur mot; mais on voyait qu'*ils* n'y entendaient rien. Il
y eut même *certaines* gens (*tous* , *sottes* gens, à la
vérité), qui crurent se donner de l'importance en
bavardant impunément, et qui jetèrent de la poudre
aux yeux à *tels* ou *tels* jeunes-gens, mais *quelles* gens !
Toutes sottes gens ne sont-*ils* pas de l'avis du dernier
qui parle ! Et moi, Monsieur, profitant aussi bien
du bavardage de *toutes* les *sottes* gens qui m'ont as-
sommé, que des lumières de *tous* les *habiles* gens qui
m'ont éclairé, je me suis retiré en rêvant un peu à
ce que je venais d'entendre. Arrivé chez moi, j'ai confié
au papier les réflexions suivantes que je vous commu-
nique, et que je désire soumettre aux amateurs de la
langue française, si vous jugez qu'elles soient dignes
d'occuper une place dans votre excellent Manuel.

Le mot *gent* du latin *gentis* , *gens* , considéré comme
synonyme de nation, est essentiellement féminin (1) :
la gent souriquoise.

Le mot *gens* , exprimant une collection de personnes,
et servant à désigner les particuliers qui composent
cette collection, a dû, dans ce sens, devenir *pluriel* ,
puisque du signe d'un composé, c'est-à-dire, d'une
nation, il est devenu le signe des composants, c'est-à-
dire, de la collection des *individus* de cette nation ; et ces
composants, étant plus ordinairement considérés comme
des *hommes* que comme des femmes, ont dû influer sur la
masculinisation du nom de leur nouveau signe repré-
sentatif : voilà la double raison pour laquelle le mot
gens , dans le sens de personnes, est nécessairement
pluriel masculin (2).

(1) C'est sous ce rapport même que *gent* a un article particulier dans le Dictionnaire de l'Académie, où ce terme, au
pluriel, dans le sens d'individus, par l'extension du nom du
tout donné aux parties qui le composent, n'est traité que
comme un trope du mot *gent* , nation.
(2) M. Butet se propose de publier incessamment un traité
complet des genres des noms de la langue française, dans
lequel il établit deux sortes de règles, les unes *idéologiques* ,
tirées spécialement de la *signification* des mots, les autres
lexiques , déduites de leurs *formes.* La première de ces règles
est celle-ci : tout nom de *personne* est du genre correspondant
au sexe de l'individu dont il représente l'idée, comme *homme* ,
femme , *lion* , *lionne* , *tailleur* , *couturière* , etc. Cette règle n'a
d'exceptions, pour les termes usités, que *vedette* , *sentinelle* ,
estafette.

Cependant, *gens*, pluriel masculin, conserve féminine la forme des adjectifs qui le précèdent *immédiatement*, par l'influence générale de l'usage qui tend
souvent à incorporer l'adjectif avec le nom qu'il précède *immédiatement*, et à ne former avec lui qu'un seul
et même mot, comme on le voit dans *petit-maître*,
bon-mot, etc. La raison en est que l'idée de la qualité
et celle de l'objet qualifié, primitivement *distinctes*,
deviennent souvent une seule et même idée résultante
et différente des deux premières. Ainsi, par exemple,
l'idée de la qualité *franc*, et l'idée de la fonction de
maçon, ont été conjointement et distinctement énon-
cées par la locution *francs-maçons*, qui a d'abord désigné des *maçons* distincts des autres par la *franchise* et
la vérité qu'ils ont prises pour la base de leur caractère;
mais les idées que présente cette locution se sont confondues postérieurement, et pour le vulgaire, dans une
troisième idée, celle d'une réunion mystérieuse d'hommes associés par des liens inconnus, abstraction faite
de toute idée de *franchise* et de *maçonnerie*. C'est dans
ce dernier sens que le même vulgaire a appelé l'art du
franc-maçon la *franc-maçonnerie*, laquelle *abstraction*,
dans son sens technique, est toujours restée la *franche-
maçonnerie*, parce que les hommes de l'art n'ont jamais
perdu de vue les idées distinctes de leurs fonctions
symboliques et de la qualité qui les caractérise.

Si de l'expression *franc-maçonnerie* dans le sens vulgaire, on concluait que le nom *maçonnerie* est féminin,
quand l'adjectif *franc* le suit, et quelquefois masculin,
quand cet adjectif le précède, on raisonnerait, ce me
semble, comme ceux des grammairiens qui constituent
masculin le mot *gens*, quand il est suivi de son adjectif, et féminin quand il en est précédé.

L'usage de cette forme féminine de l'adjectif qui
précède immédiatement le mot *gens*, avec lequel cet
adjectif tend à faire une expression *unique*, remonte
au temps où *gens* était employé comme un nom féminin; c'est ainsi que les idées composantes de *vieilles* et
de *gens*, de *jeunes* et de *gens*, ayant donné lieu aux
idées *composées* de *vieillards* et d'*adolescents*, les locutions de *vieilles-gens*, de *jeunes-gens* sont devenues
équivalentes de termes uniques du genre ultérieur
de *gens*, d'où l'on a pu dire:

« Les *vieilles gens* sont *soupçonneux* , »
« Les *jeunes gens* sont *imprudents* , »
Dictionn. de l'Académie (1).

et par analogie *certaines gens, quelles gens*, d'*excellentes gens*, etc. ; d'où l'on voit que la forme féminine de quelques adjectifs s'est étendue à tous les adjectifs qui précèdent *immédiatement* le mot *gens*, et ne s'est conservée que comme un accident lexique consacré par l'usage du genre antérieur de ce mot dans son sens *primitif*, sans porter atteinte à la valeur du genre que ce même mot a pris dans son sens *secondaire*, parce que la pensée prend moins cet adjectif comme un signe qualificatif et distinct du substantif, que comme une partie composante de ce même substantif déterminé d'une manière particulière. C'est par cette influence générale que certains noms changent de valeur, suivant qu'ils sont précédés ou suivis de leur adjectif, comme *sage-femme* et *femme sage* , *honnêtes-gens, gens honnêtes* , *pauvre auteur* , *auteur pauvre*, etc.

Toutes ces locutions dans lesquelles l'adjectif précède le substantif, sont les équivalentes de substantifs particuliers représentant des idées distinctes de celles des termes composants, ce qui n'a pas lieu dans les locutions où l'adjectif suit le substantif.

Cette tendance de l'adjectif à ne faire qu'un seul et même sens avec le substantif qui le suit immédiatement, est si influente qu'elle porte même le cachet de son impression dans la forme des mots écrits, comme on le voit dans *plafond* pour *plat-fond*, *grand'mère* pour *grande-mère*, *bégueule* pour *bée gueule* (1). etc., où certains adjectifs ont perdu non – seulement leur variabilité, mais encore le tiret qui les unissait à leurs substantifs, et même une de leurs lettres finales.

De ce fait général, on peut conclure que la forme féminine de l'adjectif qui précède *immédiatement* le mot *gens*, n'est point le résultat de la concordance voulue par le genre actuel de ce mot, mais qu'il n'est plus

_____

(1) Plusieurs auteurs écrivent avec un trait d'union les locutions *jeunes-gens*, *vieilles-gens*, *bonnes-gens* etc., comme tout le monde écrit *petits-maîtres*, *bons-mots*, etc., et disent par conséquent : *des jeunes-gens*, des *vieilles-gens*, des *bonnes-gens*. Mais cela n'a lieu que lorsque la locution est fréquemment usitée.

que l'effet de l'apposition primitive de l'adjectif au substantif *gens*, mécaniquement conservée, et d'où résulte un *tout lexique* pour la pensée seulement.

Une preuve que la forme féminine des adjectifs qui précèdent immédiatement le mot *gens* n'est plus aujourd'hui une conséquence du genre féminin de ce mot, mais bien la continuation de l'association primitive de ces deux mots, c'est que du moment où ils sont séparés par un intermédiaire, l'adjectif, de féminin qu'il est par la seule *apposition* à son substantif, reprend le genre que demande la valeur actuelle de ce même substantif, d'où les expressions, *toutes gens, quelles gens, certaines gens*, et *tous ces gens, quels sont ces gens ? certains de ces gens*.

Si l'adjectif qui précède *immédiatement* le mot *gens* n'est féminin que par l'effet d'une apposition préalable, pourquoi, m'objectera-t-on, un autre adjectif précédant celui qui se trouve immédiatement avant le mot *gens*, prendra-t-il la forme de ce dernier, comme dans TOUTES *sottes* gens, TOUTES *les bonnes* gens ?

Je répondrai d'abord que ceci n'a lieu que pour les adjectifs fesant fonction d'*articles*, c'est-à-dire, servant plutôt à déterminer grammaticalement le mot *gens* qu'à représenter une qualité particulière de l'objet désigné par ce mot ; et en second lieu, qu'on n'a fait cet accord que pour éviter l'inconvénient de la contradiction de formes opposées et rapportées grammaticalement à un même substantif.

L'inconvénient de cette contradiction de formes est tellement la raison suffisante pour féminiser le premier des deux adjectifs du mot *gens*, que, si l'adjectif opposé n'est d'aucun genre par lui-même, comme *honnête, imbécille*, etc., le premier, nullement influencé par le suivant, prend la forme voulue significativement par le substantif *gens* auquel il se rapporte ; de là, si l'on dit : *toutes* les *vieilles-gens, maintes sottes* gens, *certaines fines* gens, *quelles excellentes* gens, on dira *tous* les *braves* gens, *maints imbécilles* gens, *certains honnêtes* gens, *quels braves* gens ; et par la même raison : INSTRUITS par l'expérience, les *vieilles-gens* doivent être soupçonneux. Les a-t-on INSTRUITS, *toutes ces bonnes* gens, *tous ces braves* gens, de l'arrivée de leur bienfaiteur ?

Ces bizarreries apparentes en idéologie, ne sont que

des cas particuliers d'une loi générale , distincte du raisonnement et uniquement dépendante de l'euphonie : l'oreille est tellement soumise à l'influence de *l'analogie lexique , qu'elle veut être affectée en toutes circonstances ultérieures ,* comme *elle l'a été antérieurement dans la plupart des cas usuels d'un ordre donné.*

Le grammairien analyste pourra *rattacher* la raison pour laquelle l'adverbe *tout* redevient adjectif, ou mieux prend la forme de l'adjectif, dans la locution TOUTE *spirituelle qu'est cette femme*, lorsque le raisonnement grammatical exigerait, TOUT *spirituelle qu'est cette femme*, etc.

De cette dissertation , peut-être beaucoup trop longue , je déduirai une seule règle pour coordonner toutes les bizarreries apparentes de la valeur générique du mot *gens*.

RÈGLE.

Le mot *gens*, pluriel de sa nature comme signe d'individus ou de particuliers , est essentiellement masculin ; mais seul et sans déterminatif ultérieur, comme dans *gens*-DE-LETTRES, il conserve accidentellement féminine la forme des adjectifs qui le précèdent *immédiatement*, et qui ne font avec lui, soit par usage antérieur, soit par analogie , qu'une seule et même expression , comme dans *vieilles-gens*, *certaines gens*. Il faut cependant observer que si l'adjectif composant cette locution était formellement féminin, comme *vieille* et *bonne* , et qu'il se trouvât précédé d'un autre adjectif qui servît plutôt à déterminer le substantif *gens* qu'à le qualifier , cet adjectif prendrait aussi la forme féminine, pour éviter l'inconvénient syntaxique de deux formes opposées dans deux adjectifs qui se suivent et qui sont apposées à un même substantif, comme dans *toutes bonnes* gens , *toutes* ces *vieilles* gens, etc.

BUTET, *de la Sarthe.*

§ III.

Peut-on dire indifféremment :
Il se plaint *de ce que* vous l'*avez* trompé.
Il se plaint *que* vous l'*avez* trompé.
Il se plaint *que* vous l'*ayez* trompé.

RÉPONSE.

Dans un des précédents numéros , pag. 257 , j'a

prouvé que les deux dernières phrases sont françaises.
Je ne crois pas qu'on me conteste la première ; au
reste voici quelques exemples analogues :

« *Ne nous plaignons pas de ce que* la Reine, sa fille ,
dans un état plus tranquille, *donne* aussi un sujet
moins vif à nos discours. »   BOSSUET.

« *On se plaint* en Perse *de ce que* le royaume *est*
gouverné par deux ou trois femmes. »
                                MONTESQUIEU.

« Claire *se plaignit de ce que* des élèves l'*avaient* appelée par son nom. »   FLORIAN.

Il s'agit maintenant de savoir s'il y a quelque différence entre ces trois phrases. Quelques grammairiens en ont établi une sensible entre les deux dernières ; mais ils n'ont point parlé de la première, dont
la seconde est dérivée par ellipse (*que* est pour *de ce
que*), comme cela a lieu dans plusieurs autres verbes.
De sorte que je crois qu'à l'ellipse près, elles signifient
toutes deux la même chose. Mais , m'objectera-t-on ,
que , employé pour *de ce que* , après les expressions ver-
bales *être fâché , humilié , content , aise , étonné , sur-
pris , etc.* , veut au subjonctif le verbe subséquent ,
comme dans *je suis fâché qu'il soit* , etc. , tandis que
le même *que* , après le verbe *se plaindre* , veut tantôt
l'indicatif, tantôt le subjonctif : d'où vient cette différence ?

Je répondrai d'abord que ce n'est point le *que* qui
gouverne l'un ou l'autre mode , mais bien le sens affirmatif ou dubitatif de la phrase.

D'après l'usage des écrivains, la plupart de nos grammairiens ont établi pour règle, qu'on met au subjonctif le verbe subordonné, par la conjonction *que* ,
à un verbe exprimant un sentiment de joie, de douleur , de crainte , de surprise ; mais après *se plaindre
que* , les mêmes auteurs ont employé, suivant le sens,
l'indicatif et le subjonctif.

L'indicatif, ou mieux l'affimatif, comme l'appelle
Domergue , exprime l'*affirmation* , *la certitude* , et le
subjonctif ou complétif, exprime le *doute* , l'*incertitude* ;
d'où Andry de Boisregard a établi la différence suivante. « *Se plaindre de ce que* , suppose un sujet de

» plainte, et *se plaindre que* n'en suppose point: de
» là vient que ce serait mal s'expliquer, si je répondais
» à une personne qui m'accuserait à tort de l'avoir
» choquée : Vous avez tort de *vous plaindre de ce que*
» *je vous ai choqué*, parce que ce serait avouer que je
» l'aurais choquée ; je devrais dire : *Vous avez tort de*
» *vous plaindre que je vous aye choquée.* »

Mais ce grammairien ne paraît faire tomber la difficulté que sur l'emploi de *de ce que* et de *que*, il ne
parle point du mode ; la distinction qu'il fait me semble
juste, mais sa règle est incomplète. On sait que la
conjonction *que* a remplacé *de ce que*. Ainsi sa règle
doit être ainsi énoncée : *se plaindre de ce que*, ou, par
ellipse, *se plaindre que*, suivi d'un indicatif, suppose un
sujet de plainte, et *se plaindre que*, suivi d'un subjonctif, n'en suppose point.

Parmi les nombreux exemples que j'ai recueillis,
plusieurs sont d'accord avec cette règle ; mais je suis
obligé d'avouer que les auteurs, entraînés par l'analogie, ont fréquemment employé le subjonctif pour
l'affirmatif, ce qui ne doit pas détruire la règle que
je viens d'exposer, à l'appui de laquelle voici quelques citations.

Emploi de l'indicatif.

Parlez, Phèdre *se plaint que je suis* outragé
RACINE.

» Combien de fois s'est-on *plaint que* les affaires
n'*avaient* ni règle ni fin ! »   BOSSUET.

« L'aumônier *se plaignit que* mes thèmes n'*allaient*
plus si bien. »   FLORIAN.

« Hervé se présenta encore une fois, et dit qu'il s'é-
tait plaint que Charles V, qui était empereur, *raisonnait*
trop bien, et que présentement il *se plaignait qu'*Era-
sistrate, qui était médecin, *ne raisonnait* pas assez
bien sur la médecine. »   FONTENELLE.

« Permettez que mon amitié *se plaigne que* vous avez
hasardé dans votre préface des choses sur lesquelles
vous deviez auparavant me consulter. »
VOLTAIRE.

« Ils *se plaignaient*, peut-être avec justice, *que* les

nobles et les patriciens *ne travaillaient* qu'à se rendre seuls maîtres du Gouvernement. »   VERTOT.

Dans ces exemples, la plainte est fondée ; il n'y a point de doute sur l'existence de l'action exprimée par le second verbe, du moins pour celui qui parle.

Emploi du subjonctif.

« Il est ridicule *de se plaindre que* Montalte *ait* ramassé toutes ces erreurs dans un seul livre. »

PASCAL.

« Je m'informerai si elles *se plaignaient* qu'on les *eût* ennuyées. »   RACINE.

« Quelques-uns ont pris l'intérêt de Narcisse, et *se sont plaints* que j'en *eusse* fait un très-méchant homme et le complice de Néron. »   *Idem.*

(Racine emploie ici le subjonctif, parce qu'il croit la crainte mal fondée.)

« Depuis qu'on fait des réclamations dans les journaux, je doute qu'on en ait fait d'aussi singulières que celles dont s'avise aujourd'hui M. Guillard. Il *se plaint* qu'on *ait* fait usage d'une décoration, etc. »

DE JOUY.

Dans ces exemples le subjonctif est employé ; parce que, pour celui qui parle, il n'y a pas sujet de plainte, la plainte n'est pas fondée.

Ainsi je crois avoir justifié cette phrase de Bourdaloue, condamnée par M. Valant, dans ses Lettres académiques : « Cent fois j'ai pu me repentir d'avoir » trop compté sur les hommes, et d'avoir trop espéré » d'eux ; mais je n'oserais dire ni me *plaindre que* jamais » Dieu m'*ait* manqué. » Bourdaloue emploie le subjonctif, voulant faire entendre que sa plainte, si elle avait lieu, ne serait point fondée.

« La justice et notre plaisir, dit Domergue, nous font un devoir de justifier les grands écrivains, toutes les fois qu'il est possible de les justifier. »

A. B.

ORTHOGRAPHE.

Le mot *témoin* est-il bien écrit au pluriel dans les phrases suivantes :

« Je vous prends *à témoins*, Dieux puissants, que
» j'exposerai ma vie. »

VERTOT, Rév. rom., liv. I.

« Plusieurs prêtres de France ont fait des comédies,
» *témoins* le cardinal de Richelieu, l'abbé Boyer,
» l'abbé Genest, aumônier de Mme la duchesse d'Or-
» léans, et tant d'autres. »

VOLTAIRE, Rem. sur Théod.

RÉPONSE.

M. Butet, dans sa dissertation sur la préposition *à*,
pag. 277 du Manuel, rejette le pluriel dans la locution
prendre à témoin, et dit que *à* n'a point , comme on l'a
prétendu, la signification de *pour* dans *prendre à témoin* ,
inviter à dîner : l'idée de l'intention se déduit de celle
de prendre et de celle d'inviter ; il fait en outre observer
qu'ici *témoin* n'est pas employé comme un nom qualificatif équivalent du latin *testis* (celui qui est témoin),
mais comme un nom abstrait équivalent de *témoignage*,
suivant son étymologie *testimonium*, dont il est la traduction directe , autrement , dit-il , la locution serait
barbare. *Prendre à témoin* est une phrase de la même
catégorie que *prendre à bail , à ferme , à rente , à
gage* (1).

La première de ces deux phrases fut proposée dans
une des séances grammaticales de M. Vanier, et le
pluriel fut généralement condamné ; mais un excellent
grammairien, a contesté l'analogie que M. Butet voit
entre *prendre à témoin* et *prendre à bail*, etc. « Parce
» que le mot *témoin* est le modificatif d'une ou de
» plusieurs personnes qu'on interpelle ; c'est un subs-
» tantif pris adjectivement , qui doit s'accorder en
» nombre avec le substantif qu'il modifie , et qui,

---

(1) Dans les dictionnaires, on ne trouve que *prendre EN
gage.*

» étant un substantif de personne, d'être animé, ne
» peut entrer en comparaison avec *prendre à bail, à*
» *ferme, à rente*, expressions qui ne se rapportent qu'à
» des choses: on ne voit pas dans *bail, rente* et *ferme*,
» les mots *bailleur, rentier, fermier*, modificatifs de
» personnes. »

Cette objection me parut d'abord d'autant plus
forte, que le mot *témoin* signifie à-la-fois *témoignage* et
celui qui atteste, qui rend témoignage; qu'en latin *prendre
à témoin* se rend par *aliquem testem facere*, faire quelqu'un témoin, ou par quelque autre tournure analogue; que Cicéron a dit : *Te in eam rem testem cito*,
je vous prends *à témoin* de cela, et, enfin, que j'avais
déjà vu le pluriel employé par quelques bons auteurs,
comme dans ce vers de Parny :

Je prends *à témoins* ces verrous.
Les Serments.

Mais après avoir bien examiné la question, avoir
trouvé des exemples où le substantif est toujours au
singulier, quoique se rapportant à des personnes, après
m'être persuadé que chaque langue a son génie, et enfin
après avoir trouvé un assez grand nombre d'autorités
en faveur du singulier, j'ai pris le parti de M. Butet
contre l'auteur de l'objection, et je vais tâcher de
prouver que le pluriel est une faute.

D'abord la phrase de Vertot, *je vous prends* A TÉMOINS
Dieux puissants, ne peut faire autorité, parce que dans
le même volume de la même édition, on lit : *Il prit les
Dieux et les hommes* A TÉMOIN *de tous les maux que
causerait à la République une pareille innovation*. Liv. 1.

Je commence par donner l'étymologie du mot *témoin*.

Témoin vient du latin *testimonium*, par les formes intermédiaires *testimone, testemone, testemoine, testemoing,
tesmoing*. Le premier de ces mots existe en italien ; et
dans nos anciens auteurs français on trouve tous les autres.
Je ne citerai que les trois exemples suivants, où *témoin*
est employé dans le sens de *testimonium*, témoignage.

« En *testemoine* ou en *testemoing* de ces choses. »
Glossaire de DUCANGE.

D'où l'on dit encore : « *En témoin de quoi j'aisigné* (1). »

---

(1) Les contrats en forme finissent par cette formule: en
témoin de quoi nous avons fait apposer le scel à ces présentes.
FURETIERE.

« Qui porte fans *tesmoing*, il doit être tenu en prison. »
Coutume de BEAUVOISIS.

« J'en appelle Dieu et le monde en *tesmoing*. »
Dict. de NICOT.

Voilà bien l'équivalent de notre expression *à témoin* ; la préposition *en* a été remplacée, dans ce cas comme dans bien d'autres, par la préposition *à* (1), mais *témoin* n'a point changé de signification. Donc *prendre*, *appeler quelqu'un à* TÉMOIN, c'est littéralement le *prendre*, *l'appeler* A ou EN *témoignage*, en *appeler à son* TÉMOIGNAGE.

Ce qui prouve que dans la locution dont il s'agit le mot *témoin* a toujours eu la signification de *témoignage*, c'est que les Italiens ont traduit PRENDRE EN ou A *témoin*, par *prendere in* TESTIMONIO, mot à mot ; *prendre en* TÉMOIGNAGE.

Je crois devoir faire remarquer que *témoin*, dans le sens de *testis* (celui qui porte témoignage), se rend dans cette langue par *testimone*.

Nous avions, et nous avons encore des expressions analogues, on a dit : *prendre* ou *appeler quelqu'un à* GARANT ; nous disons de même *prendre quelqu'un à* PARTIE.

Garant, (autrefois *garent*, *garand*, *garend*, *warend*, *warent*), s'est dit dans le sens de *garantie*, comme *témoin* dans le sens de *témoignage*. Dans le Glossaire de M. Roquefort, on lit : *se mettre* A GARAND, c'est-à-dire, se mettre EN SURETÉ, EN GARANTIE, se garantir.

L'expression *prendre* ou *appeler à garant* est citée par Nicot, Vaugelas et Féraud. La Fontaine dit de la fortune :
Elle est *prise à garant* de toutes aventures,
et non pas *à garante*. »

On a dit, dans le même sens, « *prendre quelqu'un* A CAUTION. » (Dict. de NICOT.)

Nous disons de même, *prendre quelqu'un* A PARTIE ; c'est, selon l'Académie, attaquer en justice un homme qui, n'étant pas *notre partie*, est regardé comme s'il l'était. D'après cette définition, on serait porté à croire qu'il faut mettre *partie* au pluriel dans *je les prends tous*

(1) *Cueillir* EN *temps*, expression qui se trouve dans Nicot, est remplacée par *cueillir* A *temps*.

à PARTIES, mais qu'on fasse ici bien attention que prendre plusieurs personnes *à partie*, c'est proprement dit les prendre en masse, collectivement *à partie adverse.* Voilà du moins comment je crois devoir interpréter cette phrase ; car il est certain qu'il ne faut point écrire *partie* au pluriel. Là-dessus l'usage n'est point partagé. Fontenelle a dit : « Pourquoi prendre *à partie* dans nos revers, ou des astres, qui n'ont contribué en aucune sorte à nos malheurs, ou une fortune et des destins, qui n'ont point d'être que dans notre imagination ?

Ce n'est pas la première fois que cette question est agitée ; Vaugelas, dans ses remarques, dit :

« On demande s'il faut dire, *je vous prends tous à*
» *tesmoin* ou *à tesmoins* avec une *s* au pluriel. Cette
» question fut faite dans une célèbre compagnie, ou
» tout d'une voix on fut d'avis qu'il fallait dire, *je*
» *vous prends tous à tesmoin*, au singulier. Quelques-
» uns seulement ajoutèrent, qu'ils ne condamneraient
» pas tout-à-fait le pluriel *à tesmoins*, mais que l'autre
» était incomparablement meilleur, et plus françois.
» Celui qui proposa le doute trouvant tout le monde
» d'une opinion, comme d'une chose indubitable, fit
» bien voir néanmoins qu'il y avait lieu de douter. Il
» avait pour lui la règle ordinaire, qui veut qu'après *tous*,
» au pluriel, le substantif qui s'y rapporte soit pluriel
» aussi. Et de fait, on ne dirait jamais *je vous reçois*
» *tous pour tesmoin*, mais pour *tesmoins*. A cela on ré-
» pondait, qu'il n'était pas ici question de la règle ni
» de l'exemple, mais de l'usage, qui voulait que l'on
» dist *à tesmoin ;* et non pas *à tesmoins.* Sa réplique
» semblait encore plus forte ; car il disoit que si c'étoit
» l'usage, il donnoit les mains, mais que c'estait-là le
» nœud de la question, de sçavoir si c'étoit l'usage ou
» non, parce que l's finale n'ayant guères accoustumé
» de se prononcer en nostre langue, et particulière-
» ment en ce mot......., car *un faux témion* et *les faux*
» *témoins* se prononcent également sans *s*, on ne
» pouvait pas déterminer si l'usage estoit pour *tesmoin*
» ou pour *tesmoins;* et par conséquent l'usage n'étant
» point déclaré, il s'en fallait tenir à la grammaire et
» à l'analogie, auxquelles on a accoustumé d'avoir
» recours dans ces incertitudes ; *in dubiis vocibus*, dit
» un grand homme, *analogiam loquendi magistram æ*

» *ducem sequemur*, et ainsi il fallait dire *à tesmoins*,
» et non pas *à témoin*. A cette réplique on répartit
» qu'*à tesmoin* se prenait là adverbialement, et in-
» déclinablement, comme nous avons plusieurs exem-
» ples en nostre langue......, et pour ne sortir pas
» même de la phrase dont il s'agit, on allégue comme
» une preuve convaincante de cette adverbialité, s'il
» faut user de ce mot, que nous disons, *je vous prends*
» *tous à partie*, au singulier, et non pas, *je vous prends*
» *tous à partie*, au pluriel, et que cela est si vrai qu'il n'y
» a personne qui en doute. On y en ajoustait encore un
» autre, qui est *je vous prends tous à garent*, et non pas à
» *garens*. Sans ces deux exemples, j'aurais été d'avis
» d'une chose dont je ne m'avisais pas alors ni per-
» sonne, mais qui m'est tombée depuis dans l'esprit,
» qui est que *tesmoin*, en cet endroit-là, signifie *tes-*
» *moignage*, si l'on veut que ces mots aient quelque
» sens. Mais ces autres deux *à partie* et *à garent*, me
» ferment la bouche. Ce mot *tesmoin* est encore indé-
» clinable et comme adverbe en cette phrase, *tes-*
» *moin tous les anciens philosophes, tesmoin tous les*
» *pères de l'antiquité* ; car assurément il faut dire *tes-*
» *moin* et non pas *tesmoins*, comme l'on dit *excepté*
» ou *réservé* cent personnes, et non pas *exceptées* ou
» *réservées* cent personnes. Ce qui confirme extrême-
» ment, qu'en cette phrase, *les prendre tous à tesmoin*,
» *tesmoin* est adverbe et indéclinable. »

L'Académie, dans ses observations sur Vaugelas, dit :
« On a esté de l'avis de M. de Vaugelas sur cette re-
» marque. On n'a pas pourtant trouvé qu'il eust lieu
» de dire qu'on n'apperçoit point de différence pour
» la prononciation entre un *faux tesmoin*, et *les faux*
» *tesmoins*. La dernière sylabe de *tesmoin* au sing. est
» brève, et elle est longue dans *tesmoins* au pluriel. »

L'Académie approuve donc le singulier ; mais on ne
trouve d'exemple à l'appui de son opinion que dans
la cinquième édition de son Dictionnaire : au mot *té-*
moin, on lit : *je vous prends tous à témoin.*

Furetière, Trévoux, Thomas Corneille, Ménage,
Joubert, Gattel et d'autres, condamnent le pluriel.
Voici quelques exemples qui viennent à l'appui du
singulier.

Les féciaux allaient en personne vers ceux qui avaient

fait tort aux Romains , et leur déclaraient la guerre ;
avant ils prenaient les Dieux à *témoin*. »

PLUTARQ. *Vie de Numa* , p. 428.

Iris je prends le Ciel et les Dieux *à témoin*
Que vous êtes l'objet de mon plus tendre soin.

LA SUZE.

Je prends *à témoin* le Ciel et la terre.

Dict. royal.

« Je vous prends *à témoin* vous tous qui m'écoutez
» et qui voyez mes larmes. »   MASSILLON.

« Je prends à *témoin*
» Ces bois, ces prairies. »
Idylle de madame Deshouil à ses enfants.

Il est donc démontré que l'expression *à témoin* signifie *à témoignage* , et doit rester au singulier ; qu'elle
est en parfaite analogie avec *prendre à garant* , *à caution* , *à partie* ; que l'Académie et plusieurs bons grammairiens s'accordent à l'écrire toujours au singulier.
Ce qu'il fallait démontrer.

Quant à la seconde phrase donnée , il est évident
qu'il y a une faute d'impression : le mot *témoin* y
est employé dans le sens de preuve , *témoignage*. Tous
les grammairiens et les lexicographes s'accordent sur
ce point. Voici un autre exemple du même auteur :

« La diction dépend de la grammaire , *témoin* les
beaux vers de Corneille dans ses premières tragédies. »

Rem. sur le 1er *disc. de* SURENA.

A. B.

SYNONYMIE.

Persuader quelque chose à quelqu'un,
Persuader quelqu'un de quelque chose.

Dans une des séances de l'Académie grammaticale (1) ,
un membre demandant si, dans cette phrase, elle s'est
persuadé que vous l'aimez, le participe doit s'accorder
avec le pronom *se* , M. Domergue fut d'avis que, pour
résoudre cette question, il faut établir la différence qui
existe entre persuader quelque chose à quelqu'un et
persuader quelqu'un de quelque chose.

_____

(1) Fondée par M. Domergue, en 1807.

Un bon chrétien dira : Cette dame était incrédule, je lui ai prêté les pensées de Pascal, et les pensées de Pascal l'*ont persuadée* de la vérité de notre religion.

Un déiste dira : Cette bonne femme a la tête faible, elle a lu les pensées de Pascal, et ces pensées de Pascal, toutes dénuées de preuves qu'elles sont, lui *ont persuadé* que la religion chrétienne est la véritable.

C'est ainsi qu'on dirait : Mes soins assidus, mes respects et un dévouement sans bornes, ont enfin *persuadé* Lucile de mon amour pour elle. Quelques propos légers, ces compliments qu'on prodigue à toutes les femmes, ont d'abord *persuadé à la bonne Lucile* que je suis amoureux d'elle.

De ces exemples et de mille autres qu'on pourrait citer, il résulte :

1°. Que lorsqu'il y a *persuasion avec fondement*, *persuader* exige le complément direct de la personne et le complément indirect de la chose, lequel doit toujours être exprimé par *de* et un substantif ;

2°. Que lorsqu'il y a *persuasion sans fondement*, *persuader* exige le complément indirect de la personne, et la chose est indiquée par *que* ou *de* suivi d'un verbe ;

3°. Que dans toute autre circonstance, *persuader* n'est pas le mot propre, et que l'idée est mieux rendue par les verbes *engager*, *déterminer*, etc.

Quant à la question, *elle s'est persuadée que vous l'aimez*, s'il s'agit d'une persuasion avec fondement, il faut, *elle s'est* PERSUADÉE *de votre amour* (elle a soi persuadée), et s'il s'agit d'une persuasion sans fondement, *elle s'est* PERSUADÉ *que vous l'aimez* (elle a ceci persuadé à soi : vous l'aimez).

Tout en admettant la différence qu'établit M. Domergue, je crois devoir faire observer que sa règle ne s'applique pas à tous les cas où cependant il est d'usage d'employer le verbe *persuader*, comme dans cette phrase de l'Académie, *ils s'étaient persuadés qu'on n'oserait les contredire*. Dans cette phrase le *que* peut-être regardé, suivant que la persuasion est fondée ou non, comme complément direct et comme complément indirect. Ainsi je dirai en parlant d'une femme crédule : On *lui* a persuadé *que* la comète ferait périr le genre humain ; et en parlant d'une personne qui doutait de mon amitié : Je *l'ai* enfin *persuadée*, par ma conduite, *que* je suis le plus sincère et le plus fidèle de ses amis. *Note de l'Éditeur.*

PRONONCIATION.

(Troisième Article.)

Suite de l'emploi des sons nasals à la fin des mots, et devant les voyelles initiales des mots suivants. (Voyez pag. 25 et 62.)

La manière de lier, dans la prononciation, les sons nasals avec les voyelles initiales des mots suivants, doit être, ainsi que je l'ai annoncé dans le dernier article, l'objet de la discussion présente. Ce premier point mérite une attention particulière ; et je la réclame avec d'autant plus de motifs, que mon opinion sur ce sujet est en contradiction avec celle de beaucoup de grammairiens, et avec l'usage même de quelques personnes. Je vais exposer d'abord les principes et la doctrine que je combats ; je présenterai ensuite mon opinion avec les raisons qui l'appuient, et, sur cette question qui est encore livrée aux jugements arbitraires, chacun pourra se décider suivant le degré de justesse et de raison que présenteront ces sentiments opposés.

Suivant le système des grammairiens dont je parle, la manière de lier les sons nasals est celle-ci : il faut d'abord conserver à ces sons leur caractère d'indivisibilité, c'est-à-dire, les prononcer avec le retentissement du *n*, comme dans, *bon*; tandis que ce même *n*, changeant de nature, et devenant pure consonne, doit aller s'attacher à la voyelle initiale du mot suivant pour former avec elle la liaison du son nasal, et ils en concluent qu'il faut prononcer: *bon-n'ami*, etc. J'ignore quelles peuvent être les raisons qui appuient un pareil principe de prononciation ; j'en ai bien trouvé le signe dans beaucoup de grammaires que j'ai lues : mais j'en ai vainement cherché les motifs raisonnables. Pour moi, s'il m'est permis de le dire, je ne vois dans cette manière de lier les sons nasals, qu'une inconséquence manifeste, et qu'il ne me paraît pas possible de soutenir. Je vois que c'est faire un emploi contradictoire du même son ; que c'est vouloir lui conserver d'un côté son caractère de son simple, et de l'autre le soumettre à une fonction qui n'appartient qu'aux sons articulés; que c'est diviser ce qui est indivisible par essence, et donner un double caractère à ce qui ne peut en avoir qu'un. Je dis plus : c'est que la prononciation qui en résulte n'est ni naturelle ni conforme au génie de la langue française. Cette double nasalité que l'on entend, forme à l'oreille une dissonnance toujours désagréable et pénible, et je ne conçois pas qu'on en ait présenté le signe aux étrangers, qui, n'étant pas à portée de saisir les adoucissements qu'il est possible de lui donner pour la rendre supportable, ne peuvent en faire résulter qu'une prononciation barbare. Un autre inconvénient de cette manière de lier les sons nasals, c'est que le sens des idées peut en être quelquefois tellement altéré, que l'on fait entendre précisément toute autre chose que ce qu'on voulait dire. Je suppose en effet que l'on ait à prononcer ces mots : *il est en âge :* si l'on conserve au son nasal *en* sa nasalité, et si en même temps on fait sonner le *n* avec la voyelle initiale du mot *âge*, il arrivera qu'au lieu de prononcer : *il est en âge*, on dira bien distinctement : *il est en nage;* ce qui est bien différent. Au reste, je préviens que j'ai puisé cet exemple dans la prononciation réelle d'un lecteur de société; entendit qui voulut : *il est en nage :* car il n'y avait pas la moindre équivoque dans sa manière d'énoncer ces mots. Ailleurs, j'ai entendu : *on-n'a dit*, *on-n'a fait*, *on-n'a pu*, pour, *on a dit*, *on a fait*, *on a pu*. Toutes ces prononciations vicieuses et subversives du sens des idées, sont une suite nécessaire des principes que je combats, et des signes employés dans les grammaires pour les représenter. (1)

J'en ai une sous les yeux dont le titre est d'autant plus imposant, qu'il annonce une analyse raisonnée des meilleurs traités de grammaire. Voici de quelle manière s'y trouvent exposés les signes de la prononciation des sons nasals dans le cas de leur liaison : pour faire prononcer : *ancien ami*, *certain auteur*, *bon ange*,

---

(1) On pourrait demander ici quelle est la modification que prennent les voyelles nasalées dans le cas de leur liaison; cette question serait prématurée : on la trouvera traitée dans les articles suivants, où tous les sons nasals qui sont susceptibles ou non de se lier seront examinés dans le plus grand détail.

mon intime ami, son entière défaite, en homme, en un moment, etc. ; on écrit : *ancien-n-ami, certain-n-auteur, bon-n-ange, mon-n-intime ami, son-n-entière défaite, en n-homme, en-n-un moment.* Or, je demande si un homme qui cherche à s'instruire sur la prononciation française, si un étranger sur-tout, pourra, sur de pareils signes, se former une idée exacte de la manière de lier les sons nasals ; ou plutôt s'il n'en recevra pas l'idée de la prononciation la plus fausse ? Encore si ces signes étaient accompagnés de quelque explication qui pût en donner l'intelligence, mais, non ; ils sont présentés sèchement et sans aucune sorte d'éclaircissement ; c'est l'œil seul qui est frappé et guidé. Est-il étonnant après cela qu'il y ait tant de prononciations vicieuses dans l'emploi de nos sons nasals à la fin des mots ? Est-il étonnant que l'on entende : *il est en nâge*, pour *il est en âge*, et d'autres erreurs dont la diction publique est tous les jours remplie et défigurée ?

C'en est assez sur la doctrine que j'attaque, et je passe au développement de mes principes sur les conditions de la liaison des sons nasals.

Mon opinion est que, dans ce cas, la propriété grammaticale des sons nasals disparaît entièrement ; que la voyelle qui précède le *n* final reprend sa prononciation naturelle, qu'on l'énonce dégagée de toute espèce de nasalité, et que le *n* va s'attacher comme consonne pure, à la voyelle initiale du mot suivant, avec laquelle il forme une syllabe. Soient les mots *bien aimé, bon ami, vain effort, certain homme.* Voici les changemens qui s'opèrent dans leur prononciation par l'effet de la liaison nécessaire des sons nasals à la fin de *bien, bon, vain* et *certain.* Dans les mots *bien aimé*, on prononce purement et simplement la diphthongue *bié*, tandis que le *n*, prenant le caractère de consonne, se joint à la voyelle initiale du mot *aimé*, et l'on dit : *bié-n'aimé*, et non pas *bien n aimé* : par le même principe, on prononce : *bo-n'ami*, en non pas *bon-n'ami* ; *vai-n'effort*, et non pas, *vain-n'effort* ; *certai-n'homme*, et non *certain-n'homme.*

Cette manière de lier les sons nasals me paraît sauver les principes, et ne jette pas dans l'insoutenable contradiction du double emploi de ce sons qui est simple et indivisible par essence. Le caractère grammatical de ces sons est renversé à la vérité dans leur liaison : mais c'est pour en faire résulter un ordre naturel de prononciation, un ordre qui est tellement dans le génie de notre langue, que nous l'exécutons dans un très-grand nombre de nos mots, par un principe de prononciation universel et réconnu. Que l'on observe en effet notre manière de prononcer les mots, *inattentif, inabordable, inhumain, inexact*, etc. Quelqu'un s'avise-t-il de dire, *in-n'attentif, in-n'abordable, in-n'humain, in-n'exact ?* non sans doute : et cependant, qui ignore que ces mots sont composés de la particule *in*, qui répond à la préposition latine *non*, particule que l'on rend toujours nasale dans les mots où elle est suivie d'une consonne, comme dans *in-décent, in-tempérant ?* Que fait-on donc dans le premier cas? on prononce l'*i* pur, dont on forme la première syllabe du mot, tandis que le *n*, qui lui appartient naturellement, va se réunir comme une pure consonne à la voyelle suivante, et l'on dit : *i-nattentif, i-nabordable, i-nhumain, i-nexact.* C'est d'après ce même principe que nous prononçons encore : *bo-nheur* formé de *bon* et de *heur ; bié-nheureux*, mot composé de *bien* et d'*heureux ; no-nobstant*, qui résulte de *non* et *obstant ; vi-naigre*, évidemment formé des mots *vin* et *aigre*, etc.

Tel est le système de prononciation qui doit s'appliquer à la liaison de tous nos sons nasals : car pourquoi y aurait-il deux manières d'effectuer cette liaison ? Celle-ci est consacrée par un usage constant dans un très-grand nombre de nos mots, usage d'ailleurs qui a sa source dans la langue latine, où cette manière de lier les sons nasals est exactement la même ; tandis que celle que je combats est sans autorité, et n'existe que dans les livres de quelques grammairiens modernes qui ont voulu faire une loi de leur mauvaise prononciation, et qui l'on rendue plus mauvaise encore en voulant en présenter le signe. Celle que je propose est simple, naturelle et facile à exécuter ; et l'autre, compliquée, contradictoire et d'une exécution très-difficile, surtout lorsqu'on veut lui donner la douceur qui convient à la prononciation française. Enfin, en liant les sons nasals suivant le système que je défends, il n'en résulte jamais d'équivoque pour le sens, et la prononciation en est intelligible, coulante et douce, tandis que du système opposé, résultent, comme on l'a vu, des erreurs graves contre l'intelligence des idées, et une dissonnance à l'oreille nécessairement fatigante et pénible.

Au reste, ce n'est point ici une opinion particulière et nouvelle que je présente. Si la doctrine qui lui est opposée a des partisans, elle a aussi des adversaires d'un nom célèbre parmi les grammairiens français. Je ne pense pas d'ailleurs qu'elle ait pour elle l'usage de ceux qui se piquent de bien parler. J'ai consulté à cet égard des hommes instruits; j'ai cherché à saisir la prononciation de beaucoup d'autres, et j'ai vu que presque tous s'accordaient à lier les sons nasals conformément aux principes que j'ai exposés. Il serait bien temps que toute incertitude sur ce point fût enfin fixée. Rien ne paraît plus extraordinaire aux étrangers, que de trouver parmi nous cette diversité d'opinions et de jugements dans ce qui regarde le bon usage de la langue. Cela ne leur paraît pas répondre à la haute idée qu'ils s'étaient formée du goût national. Mais leur étonnement est bien plus grand, lorsqu'on leur dit que rien n'est encore fixé sur la plupart des questions qui nous divisent; que les opinions contradictoires dont ils sont frappés, n'appartiennent qu'à des individus sans mission et sans caractère; et qu'il n'est pas possible de s'autoriser, dans ces contestations, du jugement des instituteurs légitimes de la langue française. Que répondre aux questions qui naissent de leur surprise, et comment déterminer leur confiance au milieu des embarras qu'ils éprouvent?

Au numéro prochain, la discussion sur les sons nasals qui *sont susceptibles ou non de se lier*.

DUBROCA.

___

RÉPONSE

Au paragraphe de la lettre de M. Ballin, qui traite de la prononciation des sons nasals, dans leur rencontre avec les voyelles initiales des mots suivants.

Monsieur, vous avez bien voulu me communiquer le paragraphe de la lettre de M. Ballin, dans lequel cet estimable grammairien expose avec autant de modestie que de sagacité, ses idées sur la manière de prononcer les sons nasals devant les voyelles initiales des mots suivants, et d'en figurer les signes. Je suis bien loin de penser que ma doctrine sur cet important objet, puisse obtenir l'assentiment de tous les esprits : mais si M. Ballin veut bien s'occuper de la dissertation qui se trouve consignée dans ce numéro de votre Manuel, ainsi que des articles qui y feront suite ; j'ose croire qu'il y trouvera, non pas peut-être ses doutes résolus, mais du moins, une discussion sur tous les points de son paragraphe qui le mettra à même de combattre mes principes, s'il ne les juge pas fondés. Je prends volontiers l'engagement de répondre, autant qu'il sera en moi, aux observations qu'il voudra bien me faire ; persuadé, comme lui, *qu'un mauvais avis en fait souvent naître un meilleur, et que c'est ainsi qu'on arrive à la connaissance de la vérité.*

En attendant, qu'il me soit permis de faire quelques remarques succinctes sur le contenu de son paragraphe.

M. Ballin cite pour exemple des sons nasals qui sont susceptibles de se lier, ces mots : *une main adorée.* C'est un exemple vicieux. Les substantifs terminés par un son nasal, quelle que soit leur modification, ne se lient jamais.

Il pose en principe que les sons nasals, étant des sons simples, ne peuvent jamais être *dénasalés.* Ils le sont nécessairement dans leur liaison, et ce qui le prouve, c'est que la voyelle qui précède le *n* final, change toujours de modification dans ce cas, et redevient voyelle pure ; comme dans : *certain homme,* que l'on prononce comme s'il y avait, *certè-n'homme.* Au reste, je suis bien persuadé qu'il n'y aurait aucune contestation entre M. Ballin et moi, quant à la manière de prononcer régulièrement les sons nasals dans leurs liaisons ; mais il s'agit ici des signes matériels de cette prononciation ; et je maintiens que la méthode que propose M. Ballin, tant pour la liaison des sons nasals que pour celle des consonnes finales, est non-seulement inexacte, mais la plus propre à donner une idée fausse de notre prononciation. Ce grammairien est plus à portée qu'un autre d'en faire l'essai vis-à-vis des étrangers : qu'il leur expose les signes dont il fait usage dans sa lettre, et il verra quelle prononciation barbare il en résultera. Je l'ai déjà dit, ce sont ces signes employés dans la plupart de nos grammaires, qui rendent en général la prononciation de nos sons nasals dans le cas

de leur liaison, si défectueuse. Voilà pourquoi l'on entend si souvent *on n'a dit* pour *on a dit :* car comment ne
pas confondre ces prononciations, à la vue des signes
qui les identifient par le redoublement du *n* dans l'un et
dans l'autre § *on n'a dit* et *on-n'-a dit.* Il ne m'est donc
pas possible, quant à présent, d'être d'accord avec
M. Ballin sur les signes de la liaison de nos sons
nasals; j'attendrai avec plaisir ses nouvelles observations, pour avoir celui de ne point différer d'opinion
avec un grammairien dont j'estime les talents autant
que la pureté de ses sentiments.

DUBROCA.

SYNONYMIE.

Dans la Société grammaticale, on a agité cette question : Dans quel cas faut-il employer la préposition *à*,
la préposition *par*, ou l'expression *d'après* avec le
verbe *juger* ?

M. Roy, membre de cette société, a répondu :

On emploie la préposition *à*, lorsqu'on juge sur la
simple apparence.

La préposition *par*, quand le jugement est le résultat de la réflexion.

L'expression *d'après*, quand le jugement est déterminé par un autre, déjà porté sur le même objet.

EXEMPLE :

Les trois manières de juger (1).

Lorsque je vois la jeune Adèle,
Je juge *à* son air de bonté,
De candeur et d'ingénuité,
Qu'on est heureux d'être auprès d'elle.
Si je l'entends, *par* ses discours,
Je juge en mon ame attendrie,
Que pour la voir et l'entendre toujours,
A ses côtés on passerait sa vie.
Si je la vois soupirer, quel bonheur !
Me dis-je, pour l'amant qui l'aime :
Il est heureux, plus heureux qu'un Dieu même;
Et j'en juge *d'après* mon cœur.

---

(1) Juger *à*, juger *par*, juger *d'après*.

INV

www.ingramcontent.com/pod-product-compliance
Lightning Source LLC
Chambersburg PA
CBHW060629100426
42744CB00008B/1560